THE THOROUGH DEVANAGARI TEACHER

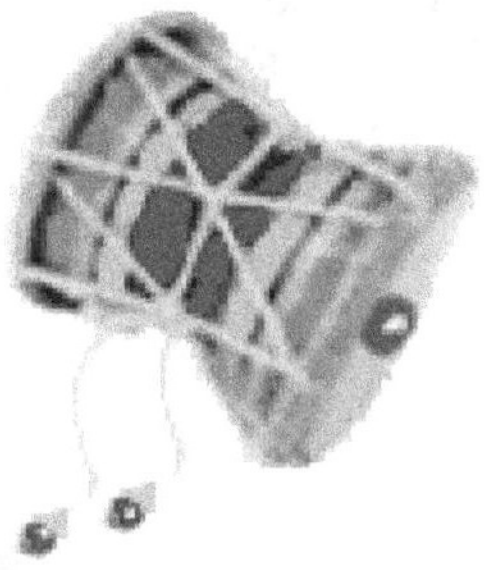

A-Z Plus

with my <u>novel</u> scientific way

For the Novice to Curious Learned

Prof. Ratnakar Narale

PUSTAK BHARATI

Pustak Bharati
Toronto, Canada

Author :

Dr. Ratnakar Narale

B.Sc. (Nagpur Univ.), M.Sc. (Pune Univ.), Ph.D. (IIT), Ph.D. (Kalidas Sanskrit Univ.)

Prof. Hindi. Ryerson University, Toronto

web : www.books-india.com email : books.inidia.books@gmail.com

Book Title : Thorough Devanagari Teacher

This Thorough Devanagari Teacher is based on extensive Field Testing, **R&D,** Students' input, Effective Techniques and Improved Ways beneficial to the Readers to give them success and proper return for their investment of Time and Money. This fully illustrated and aim oriented book is available at Ingram, www.amazon.com and many other international book distributors. The custom designed unique presentations given in this book do not exist in any other book.

Wholesale and Retail Enquiry Contact :

Ingram, Amazon, Barnes and Noble, Books-India or any other International Book Distributor.

Published by :

PUSTAK BHARATI (Books-India)

Division of PC Plus Ltd.

FOR :

Sanskrit Hindi Research Institute, Toronto

ISBN 978-1-989416-02-0

Color Coded Edition ISBN 978-1-989416-01-3

ISBN 978-1-989416-02-0

90000

9 781989 416020

Dedicated to

Our Loving Grandchildren

Samay, Sahas, Saanjh, Saaya, Naksh, Nyra, Navay Narale

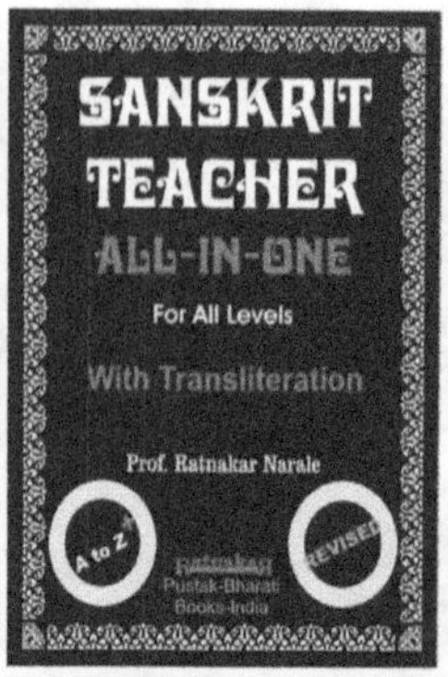

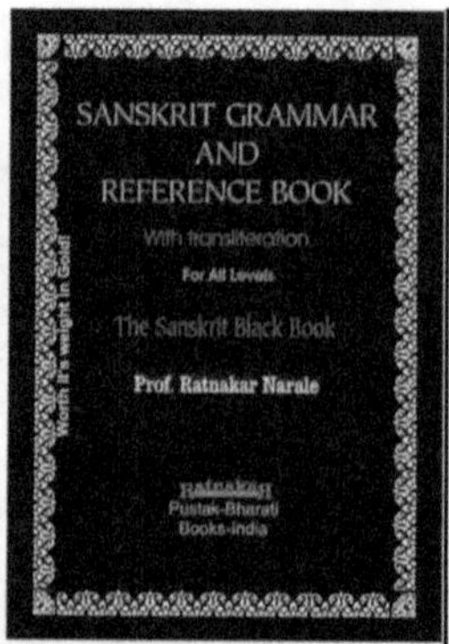

ABOUT THE AUTHOR : Dr. Narale has Ph.D. from IIT, Kharagpur and Ph.D. from Kalidas Sanskrit University, Nagpur, India. He is a lyricist and musician. Ratnakar is Prof. of Hindi at Ryerson University, Toronto, Canada.

He has studied **Sanskrit, Hindi, Marathi, Bengali, Punjabi, Urdu** and **Tamil** languages and has written books for learning these languages. He has written excellent and unique books on Gita, Ramayana and Music. His books can be viewed at www.books-india.com and they are available wholesale at INGRAM and retail at amazon.com, barnesandnoble.com, and many other international book distributors.

He has received citations from such great people as, **Hon. Atal Vihari Vajpai,** Prime Minister of India; **Hon. Basdeo Panday,** Prime Minister of Trinidad and Tobaggo; **Dr. Murli Manohar Joshi,** Federal HRD Minister of India; **Ashok Singhal,** President, VHP, New Delhi; **Bharat Ratna Dr. Ustad Bismillah Khan Trust,** New Delhi; **Padma Vibhushan Amjad Ali Khan,** New Delhi; **Padmashri Ustad Ghulam Sadiq Khan,** New Delhi; **Music Maestro Rashid Mustafa Thirakwa,** New Delhi; **Padmabhushan Ustad Sabri Khan,** New Delhi; **Padmabhushan Pandit Debu Chaudhuri,** New Delhi; **Pundit Birju Mahataj,** New Delhi; **Jinendra Swami, Shakti Yogashram,** Pune; **Dr. Madhusudan Penna,** Head of the Dept. of Philosophy and Culture, Kalidas University, Nagpur; **Vitthal and Charuhasini Bhave,** Sanskrit Bharati, Manglore; Brajendra Tripathi, **Co-Editor, Sahitya Amrit,** New Delhi; **Dr. Anne Marie Brinsmead,** Associate Program Director, Ryerson University, Toronto; **Dr. Carl Saiphoo,** Prof. University of Toronto; **Dr. BVK Shastri,** Prof. Sanskrit, Hindu University of America, Florida; **Dr. John McLeod,** Prof. of History, University of Louisville, Kentuckey; **Dr. Jyotsna Kalvar,** Prof. HDFS, Penn State University; **late Joseph Skulj,** Historian, Toronto; **James Feeney, Super.** Research, MSSB; **Richard Szpin,** Cont. Ed., MSSB; **Olav Vanderzon,** Manager. Comp. Metro Toronto Ref. Library, Toronto; **Dinanath Batra,** Vidya Bharti; **Chamu Krishna Sharsti,** Sanskrit Bharati; **Shankar Tatwawadi,** Foreign Cor. HSS, London; **Swami Ved Bharati,** Himalayan Yoga, Rishikesh, **J.C. Sharda Shastri,** President, HIL. Toronto; etc.

DEVANAGARI TEACHER

INDEX

Introduction 1

LESSON 1 Introduction to the devanagari alphabet 3

Maheshvarani Sutrani 4

1.1 Devanagari half consonants 7

1.2 Devanagari vowels and full consonants 8

1.3 Pronouncing Devanagari characters 11

LESSON 2 15

2.1 Letters : व va, wa; ब ba, क ka 15

2.2 Letters : प pa, ष ṣa, फ pha, fa 16

2.3 Vowels : अ a, आ ā 17

2.4 Letters : त ta, न na, ग ga 18

2.5 Letters : म ma, भ bha, ण ṇa 19

2.6 Vowels : इ i, ई ī 20

LESSON 3 21

3.1 Lerrter : च cha, ज ja, ञ ña, ल la 21

3.2 Letters : घ gha, ध dha, छ chha 22

3.3 Letters : उ u, ऊ ū, ऋ ri 23

3.3 Letters : र ra, स sa, ख kha, श sha 23

LESSON 4 24

4.1 Letters : य ya, थ tha 25

4.2 Letters : e ए, ai ऐ 26

4.3 Letters : ṭa ट, ṭha ठ, ḍha ढ, da द 26

4.4 Letters : ḍa ड, ṅa ङ, jha झ, ha ह 27

4.5 Vowels : o ओ, au औ 27

4.6 Letters : अं ṁ, अँ m~ 28
4.7 The Flaps : ड़ ḍa ढ़ ḍha 29
4.8 Compound letters : क्ष kṣha , त्र tr, ज्ञ gya 29
4.9 Review, Devanagari vowels 30
4.10 Vowels and the vowel signs, review 31
4.11 Chart of Alphabet with vowel signs 32
4.12 Divinity in the devanagari characters 33

Lesson 5 Key words 34
5.1 A Vocabulary of key Hindi words 34
5.2 A Vocabulary of key Sanskrit words 35

Lesson 6 Use of half the consonants to make compound letters 36

Lesson 7 Children Songs 43

Lesson 8 Introduction to Sandhi 51

Lesson 9 Introduction to the Devanagari Numerals 56

Lesson 10 Hindi Pictorial Dictionary 61

Lesson 11 Reading Devanagari passages 73
11.1 Sanskritam संस्कृतम् 73
11.2 Rāmāyaṇam रामायणम् 74
11.3 A Devotional Song *bhakti-gītam* भक्तिगीतम् 75
11.4 Mahābhāratam महाभारतम् 75
11.5 The Gītā गीता 76
11.6 I am Śiva *śivo'ham* शिवोऽहम् 77
11.7 Obeisance to the motherland *Vande Mātaram* वन्दे मातरम् 77
11.8 The vedas, Gāyatrī Chant गायत्री-मन्त्रः 78
11.9 Some indian cultural Devanagari words 80

introduction

Devanagari is a script. It is designed for writing the celestial Sanskrit language. It is also used for writing languages such as Hindi, Marathi, Maithili, Konkani, Nepali, etc. Devanagari is a phonetical script. Rather than writing spellings, it is configured to write sounds of the words of any language. The order and the shapes of the alphabet of other Indian languages, including Tamil, are in close proximity of the Devanagari chart of Alphabet.

As Devanagari is phonetical in concept and making, its vowels, vowel signs and consonants are named according to the sound tones they represent in the human vocal cord system and thus the Chart of Alphabet is designed according the sound each character produces. In addition, the style of attaching a vowel mark to a simple or compound consonant in any of the eight directions makes the writing of the Devanagari letters and words artistic, interesting, intelligent and beautiful in appearance.

The phonetical Devanagari characters are celestial for they emanated directly from the **14** celestial Damru sound strings of Lord Shiva Himself. What could be more extraterrestrial than resonance of the Maheshvarani Sutrani, the originators of the Devanagari. These fourteen reverberation strings and the divine sound of Om gave birth to the simple vowels, compound vowels and the simple and compound consonants, as shown and illustrated in the chapters of this unique Devanagari Learning book.

The numerical system of the heavenly Devanagari Alphabet is based on the divine Dvandva Samasa represented by Lord Shri Krishna Himself, the teacher of the Holy Bhagavad Gita (Gita **10.33**). The perfect Decimal system is based on the blissful duality of zero and one, the parents of everything visible and invisible, material and immaterial, being and non-being, tangible and intangible, small and big, positive and negative, earthly and heavenly, ...

Devanagari is a script. It is Chart of Alphabet. It is a wonderful phonetical system. It is systematic. It is as technical and scientific as Math or Chemistry. It is logical and accurate. It is perfect. It is simple. It is easy. it is for everyone. It is a script suitable for writing any language. It is all encompassing.

This book is designed as a thorough and wonderful guide for the novice Devanagari learners as well as it is educational for the curious learned. The special concepts and illustrations presented in this book do not exist in any other book, for this is the specialty of the writing technique of the author of this book.

Toronto, Canada — Ratnakar Narale

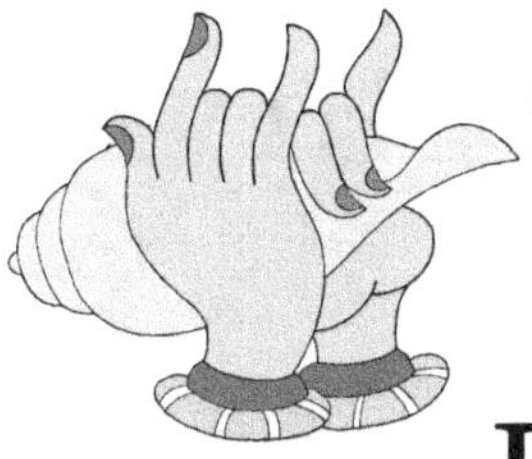

LESSON 1

INTRODUCTION TO THE DEVANAGARI ALPHABET

Vowels : Vowel is a character of the Alphabet that can be independently pronounced. In Devanagari script, any vowel can be written as an independent letter or as a vowel sign added to a consonant. All Devanagari vowels have a letter form and a *matra* (sigh) form. There are four simple vowels and from permutation and combination of these four simple vowles, the rest of the compound vowels of the Alphabet are produced.

Consonants : Consonant is a character of the Alphabet that can not be fully pronounced, without the addition of at least one voewl, simple or compound. The default vowel that is added as an inherant vowel with all consonants to produce a regular speakable chart of Alphabet is the vowel A (अ) which has a *matra* sign of a vertical bar (ा). Without adding this vowel A (अ), the consonants can not be fully pronounced, And thus, a pure consonant, without addition of any vowel, is considered as a half consonants.

The vowel A (अ) is added to most of the half consonants in the form of the *matra* sign of a vertical line (ा). These **21** consonants are ख ग घ च ज झ ञ ण त थ ध न प ब भ म य ल व श स. But, with a dozon of half consonants, which can not adopt this *matra* sign (ा) due to their odd shapes, vowel A (अ) is simply considered as inherant in their normal full letter form. These **12** consonants are क ङ छ ट ठ ड ढ द फ र ह ळ. Below is a Table showing all Devanagari half consonants.

The Table shows half consonants written as letters without the *matra* sign (ा), as well as it shows the half consonants in their *halant* forms. *Halant* is a small slash (्) attached at the bottom of a consonant to nullify or undo or take away the inherant vowel A (अ) from that consonsnt.

In formal writing, as far as possible, use of *halant* characters should be avoided within a word and within a line. If *sandhi* (compounding) between words of line is not preferred, then a *halant* character may be shown at the end of a word or words of the line. But, if a *halant* character comes at the end of a sentence, it must be shown as a *halant* character.

A half consonant, in either form (non-*halant* or *halant*), is necessary for making a compound consonant. When two or more consonants come in a row without any vowel between them, then from this group, the last (right most) consonant is written as a full consonant and the rest of them (on its left side) must be written as half consonants.

In any case, one consonant, may it be simple or compound, can take only one vowel, simple or compound. One consonant, simple or compound, can NOT take two or more vowels.

In musical *Raga* or *Chhanda* terms, a half consonant has value of zero *matra*, a simple vowel (attached to any consonant) has value **1** (लघु) and a compound vowel has value **2** (गुरु).

THE 'SOUND-FORMULAS' FROM SHIVA

māheśvarāṇi sūtrāṇi

माहेश्वराणि सूत्राणि

Following **14** character strings, in the form of sounds chords, were first produced by Lord Śhiva from his *damru* drum

1. अइउण्
2. ऋलृक्
3. एओङ्
4. ऐऔच्
5. हयवरट्
6. लण्
7. ञमङणनम्
8. झभञ्
9. घढधष्
10. जबगडदश्
11. खफछठथचटतव्
12. कपय्
13, शषसर्
14. हल् ।

The last character of each equation string is always a half consonant.

These characters are grouped into several strings (प्रत्याहारा:) according to their assigned attributes (साङ्केतिक नाम). e.g. अण् प्रत्याहार means the characters अ, इ, उ of the first सूत्र् अइउण्, i.e. all characters except the last character of that *sūtra.*

प्रत्याहार

1. अक् – अ इ उ ऋ लृ (the vowels *a, i, u, ṛ, lṛ*)
2. अच् – स्वरा: all the vowels (अ – औ)
3. अट् – स्वरा: (अ – औ) + य, र, व ह । all vowels + consonants *y, r, v, h*
4. अण् – स्वरा: + य, र ल व ह । all vowels + semi-vowels *y, r, l, v* + the aspirate *h*
5. अल् – वर्णा: all characters (अ – ह)
6. अश् – all vowels and soft consonants (अ–औ, ग्–ङ्, ज्–ञ्, ड्–ण्, द्–न्, ब्–म्, य्–व्, ह)
7. एङ् – vewels *e* and *o* (ए, ओ)
8. एच् – vewels *e, ai, o, au* (ए, ऐ, ओ, औ)
9. ऐच् – vewels *ai* and *au* (ऐ, औ)
10. खर् – hard consonants (क् ख् च् छ् ट् ठ् त् थ् प् फ् श् ष् स्)
11 जश् – the third consonant from each class : *g, j, ḍ, d, b* (ग्, ज्, ड्, द्, ब्)
12. झज् – the consonants *jh,* and *bh* (झ्, भ्)
13. झर् – sibilants + class consonants - nasals (क्-घ्, च्-झ्, ट्-ढ्, त्-ध् प्-भ् + श्, ष्, स्)
14. झल् – consonants other than semi-vowels and nasals क्-घ्, च्-झ्, ट्-ढ्, त्-ध्- प्-भ्, य्-ह्
15. झश् – the third and fourth class consonants (ग्, घ्, ज्, झ्, ड्, ढ्, द्, ध्, ब्, भ्)
16. झष् – the fourth consonant from each calss *gh, jh, ḍh, dh, bh* (घ, झ, ढ, ध, भ)
17. यण् – अन्तस्थवर्णा: (य् र् ल् व् consonants *y r l* and *v*)
18. यय् – all consonants other than *ś ṣ s h* (श् ष् स् ह् = उष्माक्षराणि)
19. यर् – all consonants other than *h* ह् (क् – स्)
20. शल् – the *ūṣma* consonants *ś, ṣ, s,* and *h* (श, ष, स, ह = ऊष्मन् → ऊष्म, ऊष्माणि)
21. हल् – व्यञ्जनानि (all consonants क् – ह्)
22. हश् – मृदुव्यञ्जनानि (soft consonants ग्–ङ्, ज्–ञ्, ड्–ण्, द्–न्, ब्–म्, य्–व्, ह्)

are Pratyahars, the Syllable Making Affixes

Māheśhvarāṇī Sūtrāṇi

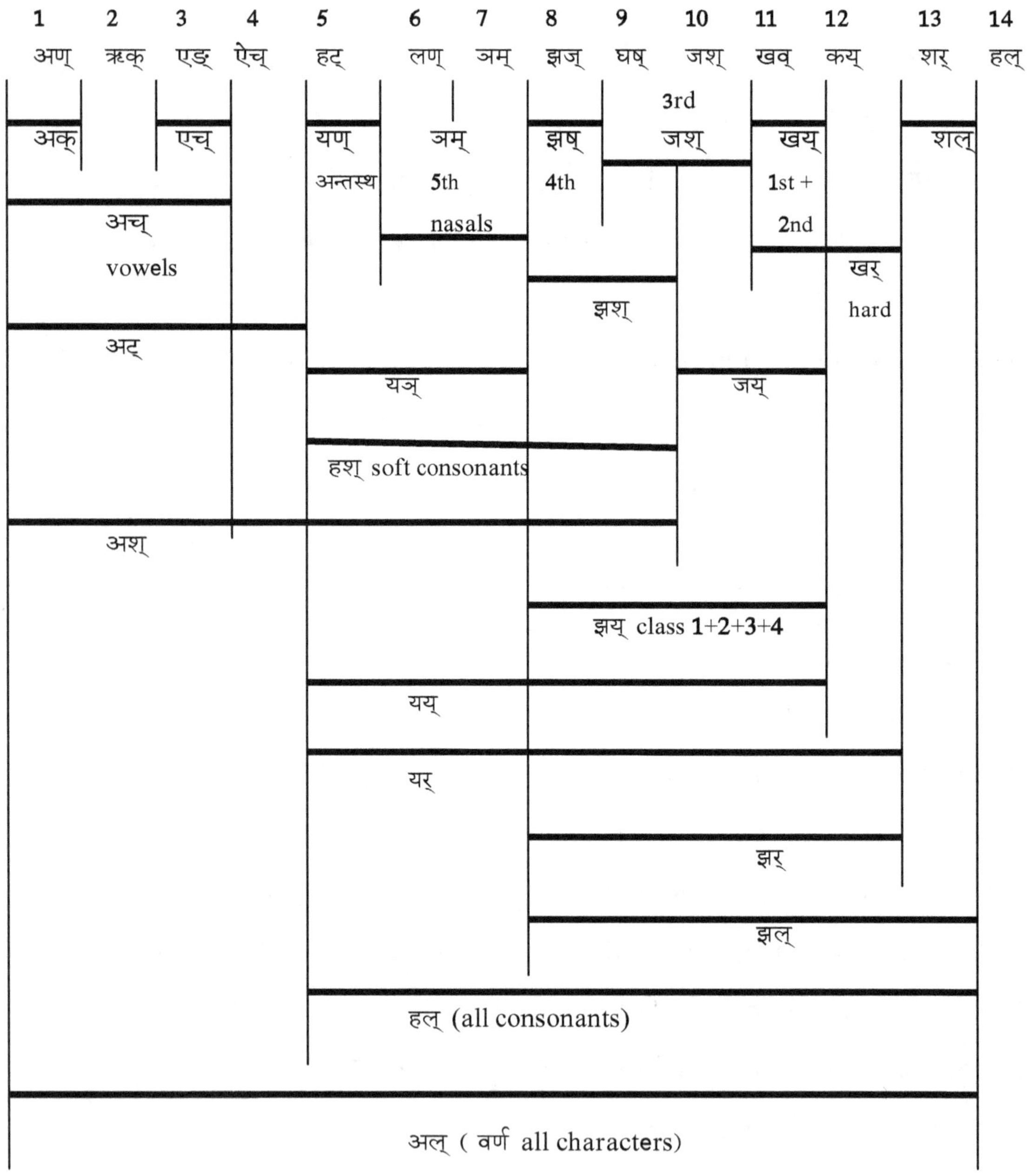

1.1 DEVANAGARI HALF CONSONANTS

(Compare the following chart with the chart of Devanagari Full Consonants)

क्‍ (क्)	ख्‍ (ख्)	ग्‍ (ग्)	घ्‍ (घ्)	ङ्
k	kh	g	gh	ṅ
च्‍ (च्)	छ्	ज्‍ (ज्)	झ्‍ (झ्)	ञ्‍ (ञ्)
ch	chh	j	jh, z	ñ
ट्	ठ्	ड्	ढ्	ण्‍ (ण्)
ṭ	ṭh	ḍ	ḍh	ṇ
त्‍ (त्)	थ्‍ (थ्)	द्	ध्‍ (ध्)	न्‍ (न्)
t	th	d	dh	n
प्‍ (प्)	फ्‍ (फ्)	ब्‍ (ब्)	भ्‍ (भ्)	म्‍ (म्)
p	ph, f	b	bh	m
य्‍ (य्)	र्	ल्‍ (ल्)	व्‍ (व्)	
y	r	l	v,w	
श्‍ (श्)	ष्‍ (ष्)	स्‍ (स्)	ह्‍ (ह्)	ळ्‍ (ळ्)
ś, sha	ṣ, sḥ	s	h	ḷ

NOTE : The consonant ळ is a Devanagari Consonat. It is not used in Hindi, but it is used in Sanskrit, Marathi and Konkani. For example, Sanskrit : अग्निमिळे पुतेहित (ऋग्वेद 1.1.1), Marathi : फळ (fruit), Konkani सगळे (all).

1.2 DEVANAGARI VOWELS AND FULL CONSONANTS

Devanagari Devanagari Vowels

अ	आ	इ	ई	उ	ऊ	ऋ	ए	ऐ	ओ	औ	अं	अः
a	ā	i	ī	u	ū	ṛ	e	ai	o	au	ṁ	ḥ

Devanagari Full Consonants

क	ख	ग	घ	ङ
ka	kha	ga	gha	ṅa
च	छ	ज	झ	ञ
cha	chha	ja	jha, za	ña
ट	ठ	ड	ढ	ण
ṭa	ṭha	ḍa	ḍha	ṇa
त	थ	द	ध	न
ta	tha	da	dha	na
प	फ	ब	भ	म
pa	pha, fa	ba	bha	ma
य	र	ल	व	
y a	ra	la	va, wa	
श	ष	स	ह	ळ
śa, sha	ṣa, ṣha	sa	ha	ḷa

Special Compound Characterss :

क्ष	त्र	ज्ञ
kṣa	tra	gya, jña

(*gya* is popular in Hindī, Sanskrit pronounciation is *jña*)

NOTE : The consonant ळ is a Devanagari Consonat. It is not used in Hindi, but it is used in Sanskrit, Marathi and Konkani. For example, Sanskrit : अग्निमिळे पुतेहितम् (ऋग्वेद **1.1.1**), Marathi : फळ (fruit), Konkani सगळे (all).

THE DEVANAGARI ALPHABET

अ a	आ ा aa	इ ि i	ई ी ee	उ ु u	ऊ ू oo	ऋ ृ ri
ए े e	ऐ ै ai	ओ ो o	औ ौ au	अं ं m̃	अँ ँ m̐	अः ः ḥ
	क ka	ख kha	ग ga	घ gha	ङ nga	
	च cha	छ chha	ज ja	झ jha	ञ nya	
	ट ṭa	ठ ṭha	ड ḍa	ढ ḍha	ण ṇa	
	त ta	थ tha	द da	ध dha	न na	
	प pa	फ pha	ब ba	भ bha	म ma	
	य ya	र ra	ल la	व va	श sha	
		ष ṣha	स sa	ह ha		
		क्ष kṣa	त्र tra	ज्ञ gya		

Designed by : Ratnakar Narale

Pustak Bharati Canada

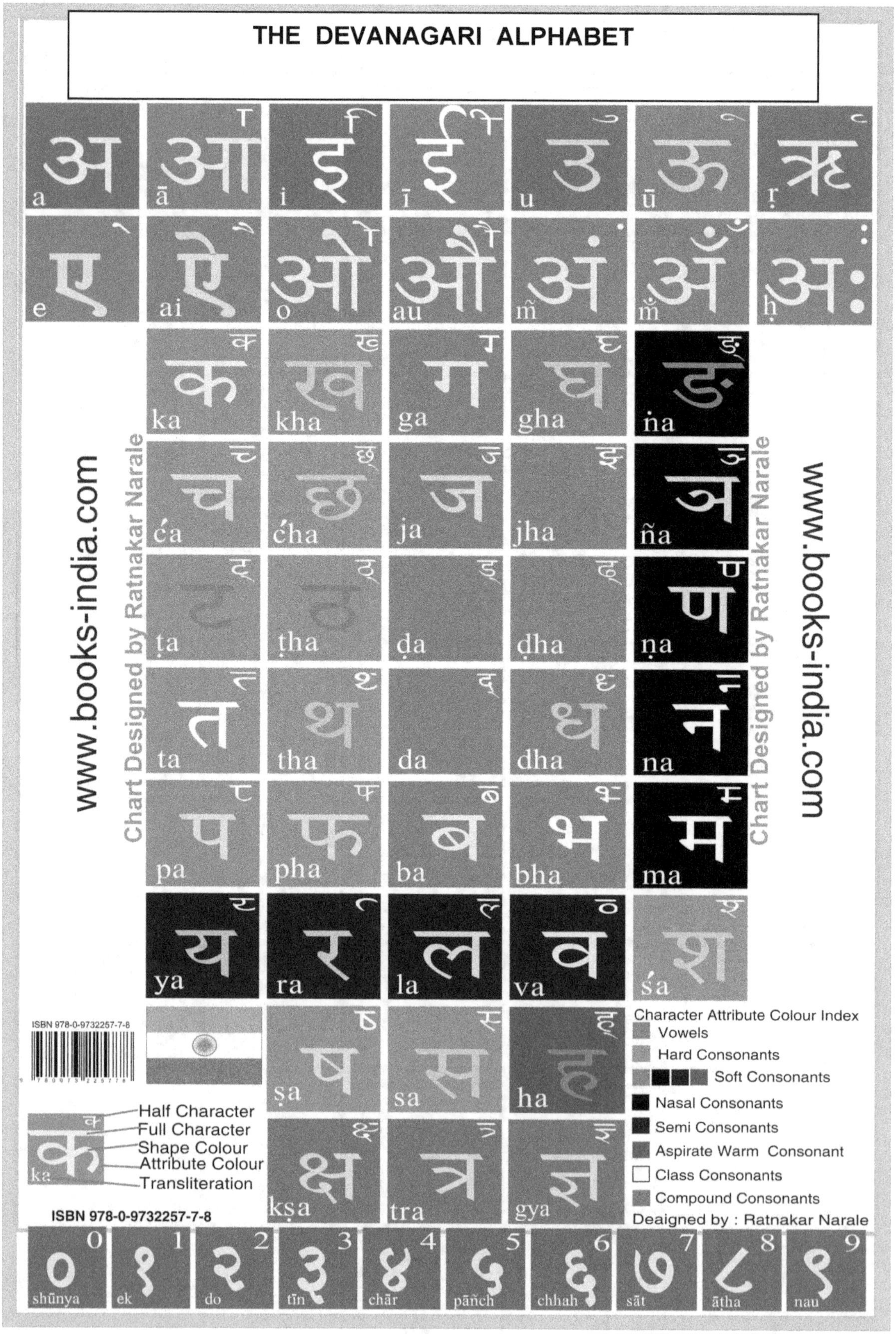
THE DEVANAGARI ALPHABET
अ a
आ ā
इ i
ई ī
उ u
ऊ ū
ऋ ṛ
ए e
ऐ ai
ओ o
औ au
अं ṁ
अँ m̐
अः ḥ
क ka
ख kha
ग ga
घ gha
ङ ṅa
च ća
छ ćha
ज ja
झ jha
ञ ña
ट ṭa
ठ ṭha
ड ḍa
ढ ḍha
ण ṇa
त ta
थ tha
द da
ध dha
न na
प pa
फ pha
ब ba
भ bha
म ma
य ya
र ra
ल la
व va
श śa
ष ṣa
स sa
ह ha
क्ष kṣa
त्र tra
ज्ञ gya
www.books-india.com
Chart Designed by Ratnakar Narale
ISBN 978-0-9732257-7-8
Half Character
Full Character
Shape Colour
Attribute Colour
Transliteration
Character Attribute Colour Index
Vowels
Hard Consonants
Soft Consonants
Nasal Consonants
Semi Consonants
Aspirate Warm Consonant
Class Consonants
Compound Consonants
Deaigned by : Ratnakar Narale
० 0 shūnya
१ 1 ek
२ 2 do
३ 3 tīn
४ 4 chār
५ 5 pāñch
६ 6 chhah
७ 7 sāt
८ 8 āṭha
९ 9 nau

1.3 PRONOUNCING DEVANAGARI CHARACTERS

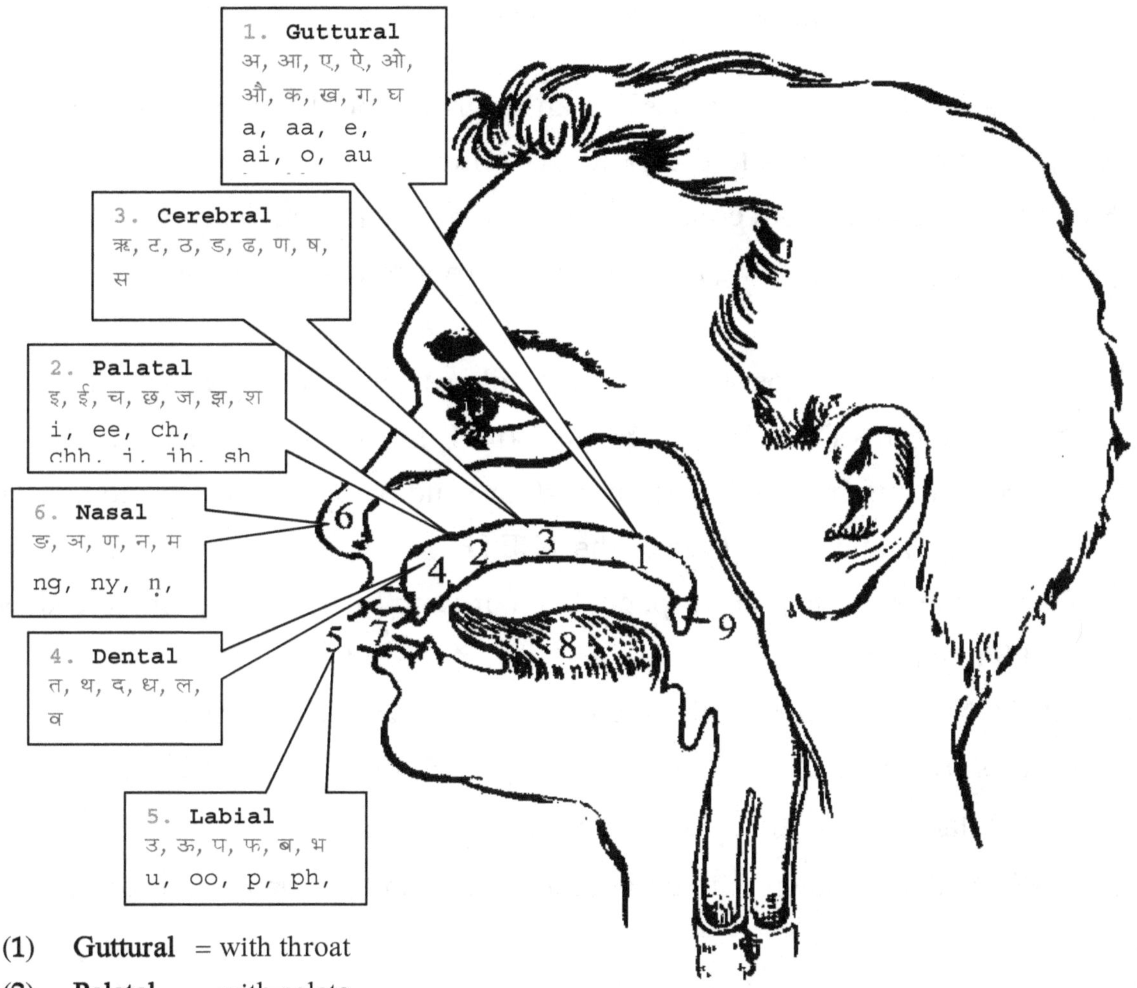

(1) **Guttural** = with throat

(2) **Palatal** = with palate

(3) **Cerebral** = with cerebrum

(4) **Dental** = with teeth

(5) **Labial** = with lips

(6) **Nasal** = with nose

(7) **Teeth,** (8) **Tongue** (9) **Uvula**

PLEASE NOTE :

(i) In any Indian word, when written in English script, **the sound of letter 'e' (ए) is pronounced as '<u>ay</u>' as in B<u>ay</u>**, not like 'i' or 'ee' (इ, ई) as in English words B<u>e</u> or B<u>ee</u>. Therefore, the Hindi word 'merā' (मेरा) sounds like '**<u>may-raa,</u>**' not mi-raa or mee-raa. (e = ए).

(ii) Also, please note that letter "ā" indicate long sound of letter "a" for example : Rām = Raam, Raama = राम not Raamaa रामा, here "Rā" has long "aa" sound and "ma" has short "a" sound.

1.4 THE PRONUNCIATION GUIDE

(please see the above figure)

(1) **GUTTURALS :** The consonants from k-class (k, kh, g, gh, ṅ) and (h) are pronounced by touching the hind part of the tongue to the THROAT (Gutter).

(2) **PALATALS :** The consonants from ć-class (ć, ćh, j, jh, ñ) and (i, ī, y, ś) are pronounced by touching the middle part of the tongue to the middle roof of the mouth i.e. the PALATE.

(3) **CEREBRALS :** The consonants from ṭ-class (ṭ, ṭh, ḍ, ḍh, ṇ) and (ṛ, ṛ́, r, ṣ) are pronounced by momentarily touching tip of the tongue against roof of the mouth i.e. the CEREBRUM.

(4) **DENTALS :** The consonants from t-class (t, th, d, dh, n) and (lṛ, lṛ́, l, s) are pronounced by touching tip of the tongue against the base of the TEETH.

(5) **LABIALS :** The consonants from p-class (p, ph, b, bh, m) and (u, ū, v) are pronounced by touchning the LIPS together.

(6) THE **HARD** CONSONANTS (shown with green background on the back cover)

The first two consonants from each class (क्, ख्; च्, छ्; ट्, ठ्; त्, थ्; प्, फ् *k, kh, ć, ćh, ṭ, ṭh, t, th, p, ph*) and the three sibilants (श्, ष्, स् *ś, ṣ, s*) are Hard Consonants.

(7) THE **SOFT** CONSONANTS (shown with green, blue, black and purple backgrounds on the back cover)

The rest of the consonants, namely, the last three consonants from each class (ग्, घ्, ङ्; ज्, ज्, ञ्; ड्, ढ्, ण्; द्, ध्, न्; ब्, भ्, म् *g, gh, np, j, jh, ñ, ḍ, ḍh, ṇ, d, dh, n, b, bh, m*), the semi-vowels (य्, र्, ल्, व् *y, r, l, v*) and the aspirate (ह् *h*) are Soft Consonants.

(8) THE **NASAL** CONSONANTS (shown with black background on the back cover)

The last character from each of the five classes ṅ, ñ, ṇ, n, m (ङ्, ञ्, ण्, न्, म्), are the Nasal Consonants.

(9) THE **ANUSVĀRA** AND **THE VISARGA**

Anusvāra (ं) and *visarga* (:) are two more sounds in Sanskrit. The *anuswāra* (अनुस्वारः) is the modification of nasal consonants ङ्, ञ्, ण्, न्, म् and अं *(ṅ, ñ, ṇ, n, m, m̃)*. The the *visarga* (विसर्गः) is the modified form of consonant स् or र् (*s* or *r*). The *anusvāra* and *visarga* are are not counted as separate characters, but they are sometimes treated as semi-vowels. Together they are called *Āyogavāhas*.

1.5 SPEAKING DAVANAGARI CHARACTERS

Alphabet	Hindī	Sounds like, as in		
a	(अ)	a	in	particular
ā	(आ)	a	in	pāpā
i	(इ)	I	in	pin
ī	(ई)	ee	in	peel
u	(उ)	u	in	pull, put
ū	(ऊ)	oo	in	pool
ṛ	(ऋ)	ri	in	print
e	(ए)	e, ay	in	pen, pay
ai	(ऐ)	i, ai	in	Spine,Saigaon
o	(ओ)	o	in	pole
au	(औ)	ow, au	in	powder, sauna
k	(क्)	k	in	pink
kh	(ख्)	kh	in	GurKha
g	(ग्)	g	in	peg
gh	(घ्)	gh	in	ghost
ṅ	(ङ्)	n	in	packing
ch	(च्)	ch	in	chop
chh	(छ्)	chh		witch-hunt
j	(ज्)	j	in	jump
jh, z	(झ्)	dgeh	in	hedgehop
ñ	(ञ्)	n	in	punch

Alphabet	Hindī	Sounds like, as in		
ṭ	(ट्)	t	in	pet
ṭh	(ठ्)	th	in	hot-house
ḍ	(ड्)	d	in	pod
ḍh	(ढ्)	dh	in	adhere
ṇ	(ण्)	n	in	pant
t	(त्)	t	in	Istanbul
th	(थ्)	th	in	panther
d	(द्)	th	in	other
dh	(ध्)	dh	in	Buddha
n	(न्)	n	in	pen
p	(प्)	p	in	pup
ph,f	(फ्)	ph, f	in	photo-frame
b	(ब्)	b	in	pub
bh	(भ्)	bh	in	abhore
m	(म्)	m	in	map
y	(य्)	y	in	yes, yelp
r	(र्)	r	in	rip
l	(ल्, ऌ)	l	in	lip
v,w	(व्)	v, w	in	Volkswagon
ś, sh	(श्)	sh	in	shop
ṣ	(ष्)	sh	in	push
s	(स्)	s	in	soap
h	(ह्)	h	in	hop

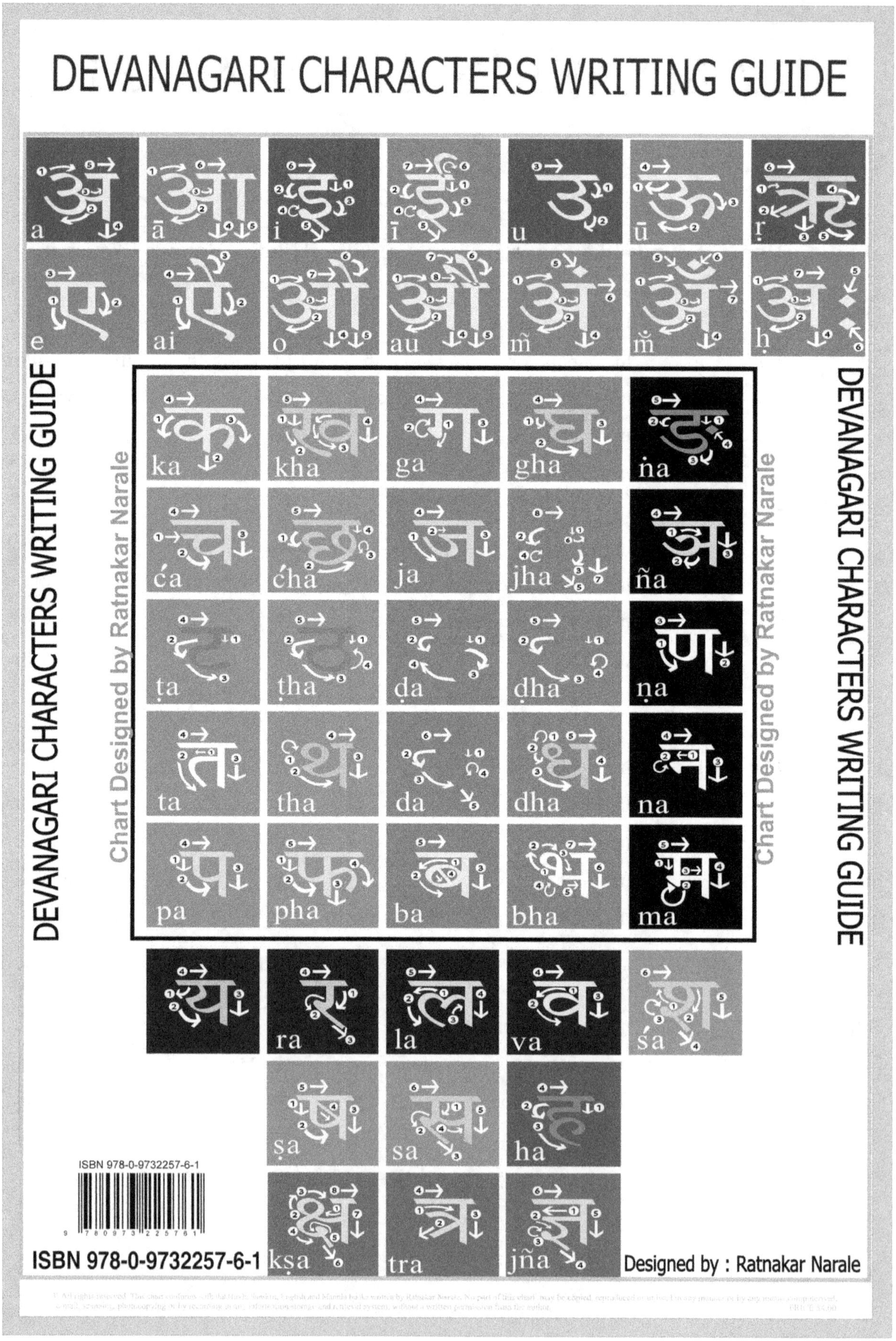
DEVANAGARI CHARACTERS WRITING GUIDE
अ a
आ ā
इ i
ई ī
उ u
ऊ ū
ऋ ṛ
ए e
ऐ ai
ओ o
औ au
अं ṁ
अँ m̐
अः ḥ
DEVANAGARI CHARACTERS WRITING GUIDE
Chart Designed by Ratnakar Narale
क ka
ख kha
ग ga
घ gha
ङ ṅa
च ća
छ ćha
ज ja
झ jha
ञ ña
ट ṭa
ठ ṭha
ड ḍa
ढ ḍha
ण ṇa
त ta
थ tha
द da
ध dha
न na
प pa
फ pha
ब ba
भ bha
म ma
Chart Designed by Ratnakar Narale
DEVANAGARI CHARACTERS WRITING GUIDE
य
र ra
ल la
व va
श śa
ष ṣa
स sa
ह ha
ISBN 978-0-9732257-6-1
ISBN 978-0-9732257-6-1
क्ष kṣa
त्र tra
ज्ञ jña
Designed by : Ratnakar Narale

LESSON 2

READING AND WRITING DEVANAGARI LETTERS

2.1 Consonants व va, wa; ब ba, क ka

2.2 Consonants प pa, ष ṣa, फ pha, fa

2.3 Vowels अ a, आ

2.4 Consonants त ta, न na, ग ga

2.5 Consonants म ma, भ bha, ण ṇa

2.6 Vowels इ i, ई ī

(2.1) Letters व va, wa; ब ba, क ka

va, wa   *ba*   *ka*

Writing Devanagari Characters

PLEASE NOTE : Uniquely in this book, the characters are grouped according to their shapes, and not according to their usual aplhabetical order. For, we have observed that with this novel method, it is easy for a new learner to co-relate and remember the Devanagari characters.

All Devanagari letters and words have a line at the top to indicate the grouping of characters into a word. Follow this rule for each letter carefully and consistently.

v	+	a	=	va

EXERCISE : Read and Write the following Devanagari letters :

1. क 2. व 3. ब 4. कवब 5. कब, बक 6. कक, वब

7. वब, वक 8. कक, बव 9. क, ब, व 10. कक, कब,

कव 11. बब, बक, वव 12. कबव, कवब, वबक, बकव.

Answers : **1**. ka; **2**. va; **3**. ba; **4**. kavaba; **5**. kaba, baka; **6**. kaka, vaba; **7**. vaba,vaka; **8**. kaka, bava; **9**. ka, ba, va; **10**. kaka, kaba, kava; **11**. baba, baka, vaba; **12**, kabava, kavaba, vabaka, bakava.

(2.2) Letters प pa, ष ṣa, फ pha, fa

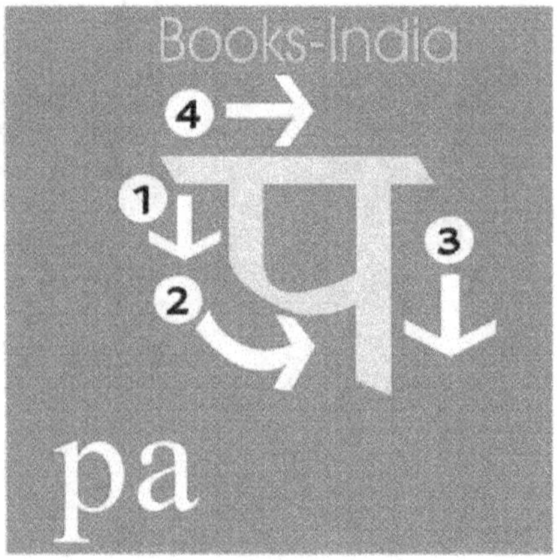

pa

ṣha

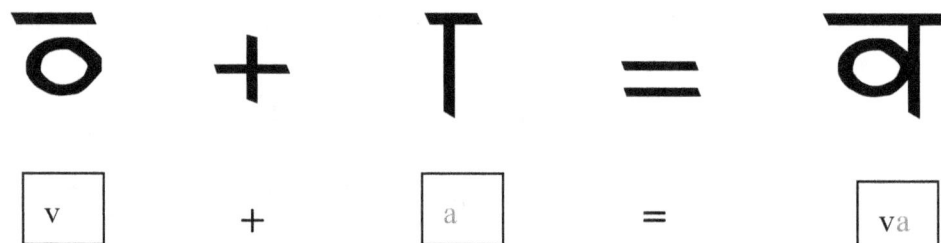

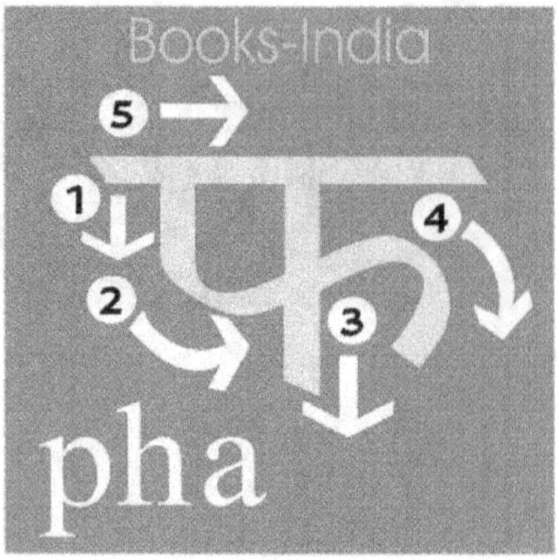

pha, fa

EXERCISE : Read and Write the following Devanagari Letters:

1. प **2.** फ **3.** ष **4.** पषफ

5. पव, पफ **6.** कप, कब **7.** कष, पष, कफ

8. वफ, वब, पफब

Answers : **1**. pa; **2**. fa, **3**. Ṣha; **4**. paṣhafa; **5**. pava; **6**. kapa, kaba; **7**. kaṣha, paṣha, kafa; **8**. vafa, vaba, pafaba.

(2.3) vowels अ a, आ ā

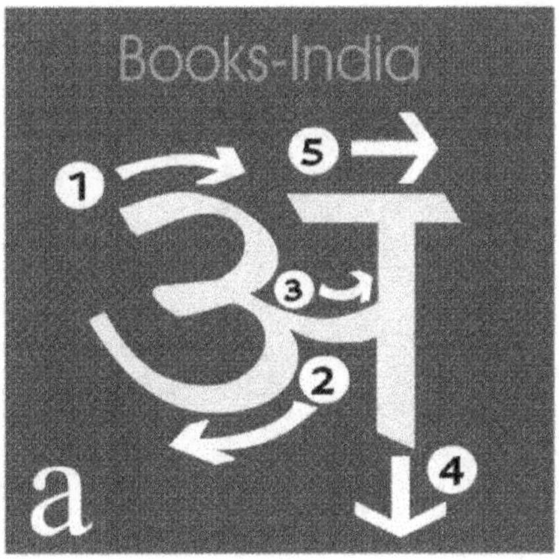

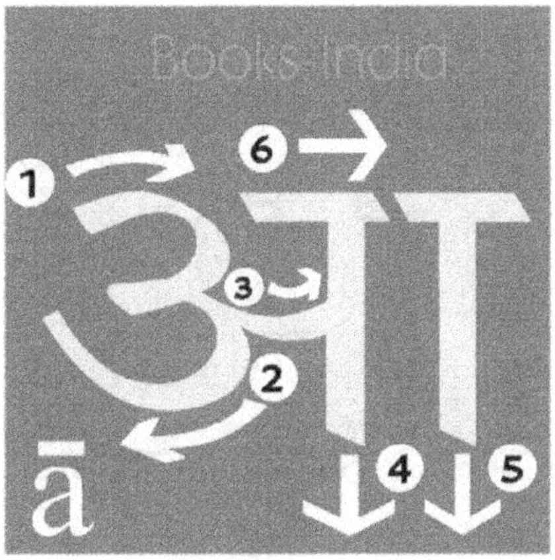

a *ā*

Vowel Signs : inherant ◌ा added ◌ा

Example : ◌ + ा = व ◌ + ा + ा वा (v + a + a = vaa or vā)

EXERCISE : Read and Write the following Devanagari (Hindi-Sanskrit) words :

अब, काका, बाबा, पाप

ANSWERS : अब (ab now), काका (kākā uncle), बाबा (bābā father), पाप (pāp sin)

Vowel Application Rules : (1) When a word begins with a vowel, this beginning vowel is written as the letter form of that vowel. **(2)** When a vowel comes after a consonant, that vowel is attached to that consonant as a vowel sign. **(3)**. When two vowels come in a row, the second vowel has to me written in its letter form.

(2.4) Letters त ta, न na, ग ga

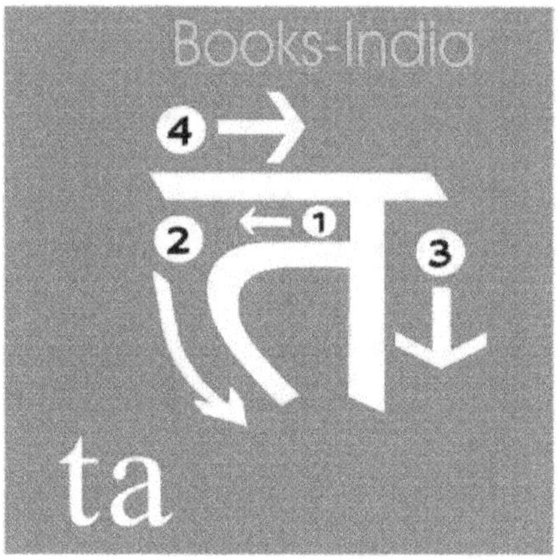

ta

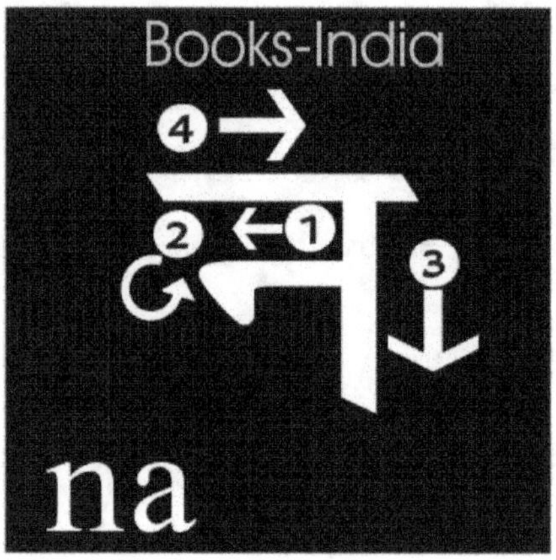

na

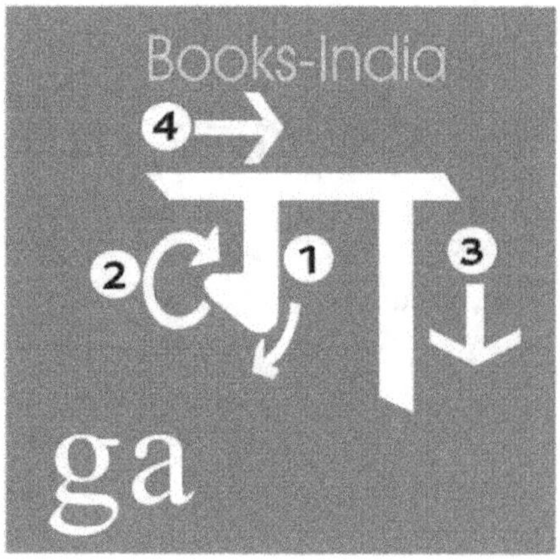

ga

EXERCISE : Read and Write the following Devanagari letters :

1. क, ब, व, ब, त, न, ग

2. त, न, त 3. तत, तन 4. कक, वब

5. गबन, नव, वतन, वन,

6. कब, नग, नव, नत, तब

7. ष, प, फ, न, त,

8. वतन, गत, वन, पवन

Words pronunciation Rule for Hindi words : In a Hindi word, when two or more consonants come in a row, the inherant a (अ) in the last consonant is neither pronounced nor shown in English writing.

Answers : **1**. ka, ba, va, ta, na, ga; **2**. ta, na, ta; **3**. tat, tan (body); **4**. kak, vab; **5**. gaban (embezzlement), nav (new), vatan (motherland), van (forest); **6**. kab (whan?), nag (mountain), nat (drooped), nav, tab (at that time); **7**. sha, pa, fa, na ta; **8**. vatan, gat (gone), van, pavan (wind).

(2.5) Letters म ma, भ bha, ण ṇa

EXERCISE : Read and Write the following Devanagari letters

1. क, प, न, व 2. तभ, णब, कण

3. म, न, त 4. तत, तन 5. कक, वब

6. गबन, भव, मगन, वतन, वन, वमन

7. कम, नभ, नव, नमन

8. तब, बम, मनन

9. ष, प, फ, म, भ, न, त

10. वतन, भगत, गमन, मनन, पवन

Answers : **1**. ka, pa, na, va; **2**. tabh, ṇab, kaṇ (particle); **3**. ma, na, ta; **4**. tat, tan; **5**. kak, vab; **6**. gaban, bhav, magan (engrossed), vatan (motherland), van (forest), vaman (vomit); 7. kam (less), nabh (sky), nav (new), naman (salute); **8**. tab (then), bam (bomb), manana (meditation); **9**. sḥa, pa, fa, ma, bha, na, ta; **10**. vatan, bhagat (devotee), gamana (going), manana (meditation), pavan (wind).

Again, the Consonant pronunciation Rule for Hindi words : When two or more consonants come in a row, the inherant a (अ) in the last consonant is neither pronounced nor shown in English writing.

(2.6) vowels इ i, ई ī

Vowel Signs : ि ी

EXERCISE : Read and Write the following in Hindī

अब, काका, कई, बाबा, इक, पाप, नाता, तीन, कवि,

गीता, मीन, भाई, इतना, कितना? पानी, बाण, फणि

ANSWERS : अब (*ab* now), काका (kākā uncle), कई (*kaī* many), बाबा (*bābā* father), इक (*ik* one), पाप (*pāp* sin), नाता (*nātā* relation), तीन (*tin* three), कवि (*kavi* poet), गीता (*Gītā* Bhagavad Gita), मीन (*mīn* fish), भाई (*bhāī* brother), इतना (*itnā* this much), कितना? (*kitnā* how much?) पानी (*pānī* water), बाण (*bāṇ* arrow), फणि (*faṇi* cobra snake)

Remember the RULES for writing VOWELS

(i) When a word begins with a vowel, that vowel must be written in its letter form.

(ii) When a vowel comes after a consonant, the vowel is attached to the consonant in its sign (*mātrā* मात्रा) form.

(iii) When two vowels come in a row, the second vowel is written in its letter form.

EXAMPLES for the three Vowel Rules :

Rule **(i)** Now = ab अब, You = āp आप, Here = idhar इधर, There = udhar उधर.

Rule **(ii)** Mother = māta माता, Father = pitā पिता, Poet = kavi कवि, Three = tīn तीन.

Rule **(iii)** Mirror = āīnā आईना (two vowels आ and ई came in a row. Here, Rule (i) is for vowel आ and and Rule (iii) for vowel ई.

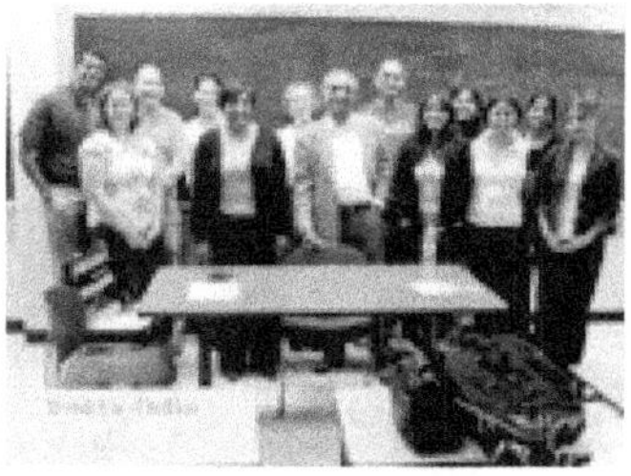

LESSON 3

READING AND WRITING DEVANAGARI LETTERS
Continued ...

3.1 च cha, ज ja, ञ ña, ल la

3.2 घ gha, ध dha, छ chha

3.3 उ u, ऊ ū, ऋ ri

3.4 र ra, स sa, ख kha, श sha

(3.1) Lerrter : च cha, ज ja, ञ ña, ल la

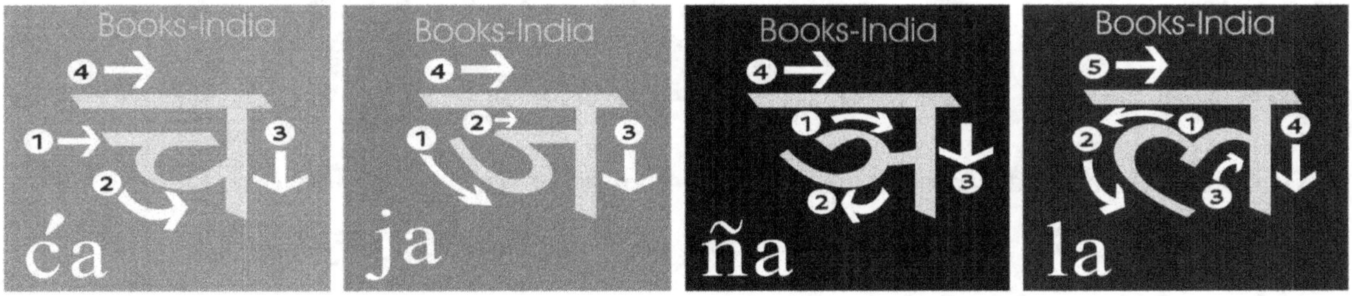

cha *ja* *ña* *la*

NOTE : The Devanagari letter ña (ञ) is not used in Hindi, Marathi, Konkani and Nepali language, but is frequently used in Sanskrit, e.g. pañch (पञ्च = 5).

EXERCISE : Read and Write the following in Devanagari :

1. कप, चमचम **2.** तन, मन, गगन **3.** भगत, पतन,

मनन 4. भव, गण, गणक 5. नल, लगन

6. पलक, बन, पग, गम 7. जल, चल, मल

8. कण, कल, पल 9. मत, तम

ANSWERS : **1.** kap (cup), chamcham (a sweet); **2.** tan (body), man (mind), gagan (sky); **3.** bhagat (devotee), patan (downfall), manan (contemplation); **4.** bhav (world), gaṇ (class), gaṇak (calculator); **5.** nal (water tap), lagan (devotion); **6.** palak (wink), ban (forest), pag (step, foot), gam (sorrow); **7.** jal (water), chal (let us go), mal (dirt); **8.** kaṇ (particle), kal (tomorrow, yesterday), pal (moment); **9.** mat (don't!), tam (darkness).

(3.2) Letters : घ gha, ध dha, छ chha

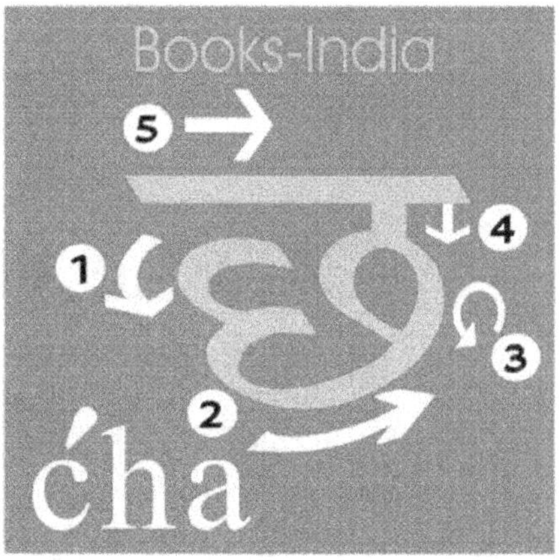

EXERCISE : Read and Write the following Devanagari characters and words.

1. ज, च, ञ 2. ल, ज, च 3. क, ल

4. गणक, जलज 5. च, ज, ल, 6. र, स, ख, श

7. रस, शर, रख, सच 8. सन, फल

5. जज, छल, जग, घर 8. धन, कब, वध, शक, मगज

ANSWERS : **1.** ja, ca, ña **2.** la, ja, cha **3.** ka, la **4.** gaṇak (counter), jalaj (aquatic) **5.** cha, ja, la **6.** ra, sa, kha, śha **7.** ras (juice), shar (arrow), rakh (keep), sach (true) **8.** dhan (wealth), kab (when?), vadh (murder), shak (doubt), magaj (brain).

(3.3) Letters : उ u, ऊ ū, ऋ ri

Vowel Signs :   

EXERCISE : Read and Write the following Devanagari words :

उजाला, ऋषि, बुलबुल, भूल, कृष्ण, छू, चलना, राम,

सीता, खेत, ईश, शीशा, खीरा, छिलका, राधा

ANSWERS : उजाला (ujālā light), ऋषि (rishi saint), बुलबुल (bulbul nightangle), भूल (bhūl mistake), कृष्ण (krishṇa), छू (chū to touch), चलना (chalnā to walk, walking), राम (Rām), सीता (Sītā), ईश (īsh God), शीशा (shīshā glass), खीरा (khīrā cucumber), छिलका (chhilkā a peel), राधा (Rādhā).

(3.3) Letters :र ra, स sa, ख kha, श sha

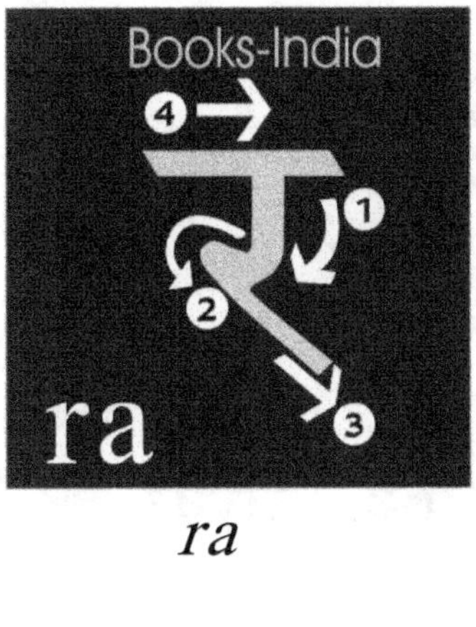

ra

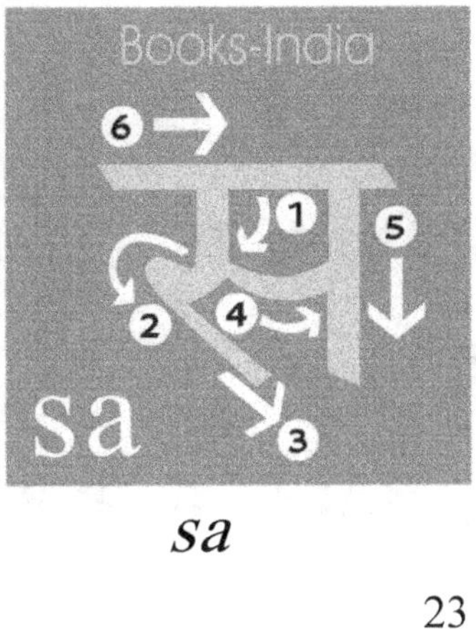

sa

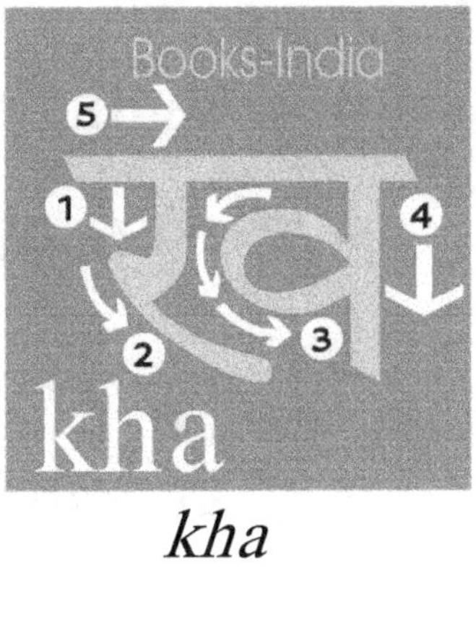

kha

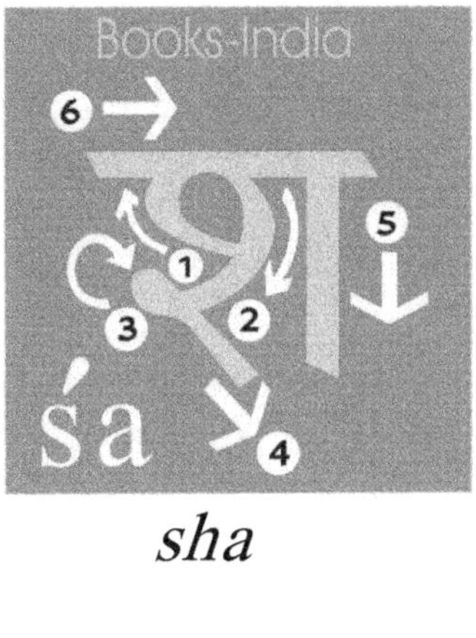

sha

EXERCISE : Read and Write the following Devanagari characters and words.

1. कमल, सरल 2. शतक, फरक, परख, भरत, चमन, शकल

3. लगन, वजन, सब, सच 4. बम, बरफ, चपल

5. मगज, जल, खल, नर, पर, सम 6. चमक, चल, चख

7. जज, छल, जग, घर 8. धन, कब, वध, शक, मगज

ANSWERS : **1.** kamal (lotus), saral (easy); **2.** śhatak (century), farak (difference), parakh (assay), bharat (Bharat), chaman (garden), shakal (face);**3.** lagan (devotion), vajan (weight), sab (all), sach (truth); **4.** bam (bomb), baraf (ice), chapal (quick); **5.** magaj (brain), jal (water), khal (enemy), nar (man), par (other), sam (equal); **6.** chamak (shine), chal (let us go), chakha (to taste); **7.** jaj (judge), chhal (deception), jag (world), ghar (house, home); **8.** dhan (wealth), kab (when?), vadh (murder), shak (doubt), magaj (brain).

NOTE : The words like *shakal, baraf, farak* are in their distorted but popular forms, actually the proper forms are *shakl, barf, fark,* with compound characters which are covered later.

LESSON 4

READING AND WRITING DEVANAGARI LETTERS

Continued ...

4.1 य ya, थ tha

4.2 ए e, ऐ ai

4.3 ट ṭa, ठ ḍa, ढ ḍha, द da

4.4 ड ḍa, ङ ṅga, झ jha, ह ha

4.5 ओ o, औ au, अं m̐

4.6 ड़ *ḍa,* ढ़ *ḍha*

4.6 क्ष kṣha, त्र tra, ज्ञ gya (jna, dnya)

(4.1) Letters : य ya, थ tha

EXERCISE : Read and Write the following Devanagari letters and words:

1. घर, मत, रथ, धन

2. घन, फल, कल, वश, कर, सम, नरम

3. सब, हम, जय

4. भय, शयन, चलन, रण, फसल, सरल

5. धर, जल

ANSWERS : **1.** ghar (home, house), mat (do not), rath (chariot), dhan (wealth)

2. ghan (dense), fal (fruit), kal (yesterday, tomorrow), vash (in control), kar (to do), sam (same, even), naram (soft)

3. sab (all), ham (we), jay (victory)

4. bhay (fear), shayan (sleep), chalan (behaviour), raṇ (battlefield), fasal (crop), saral (straight, easy)

5. dhar (hold), jal (water)

(4.2) Letters : e ए, ai ऐ

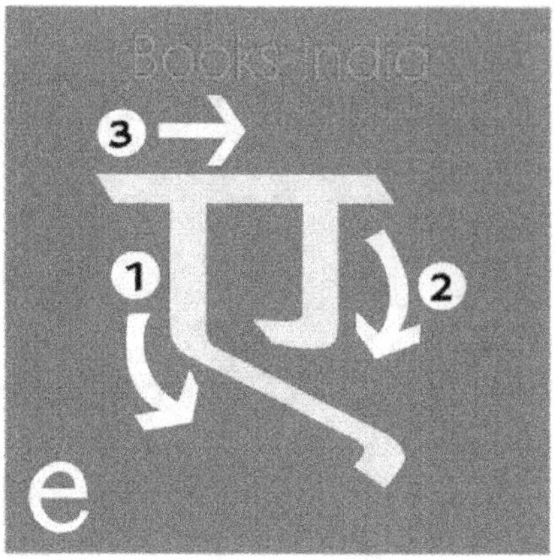

e ai

Vowel Signs :

EXERCISE : Read and Write the following Devanagari words

दूध, देव, दैव, ऐसा, पैसा, मेरा, बेर, एक, धेनु, खेत

ANSWERS : दूध (dūdh milk), देव (dev God), दैव (daiva fortune), दो (do two), औरत (aurat woman), दौलत (daulat wealth), ऐसा (aisā like this), पैसा (paisā money), मेरा (merā my), कौन (kaun who), और (aur and), बेर (ber plum), एक (ek one), धेनु (dhenu cow), खेत (khet farm, field).

(4.3) Letters : ṭa ट, ṭha ठ, ḍha ढ, da द

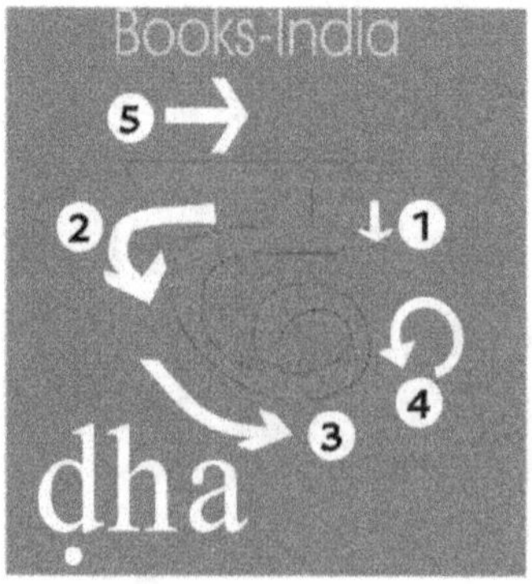

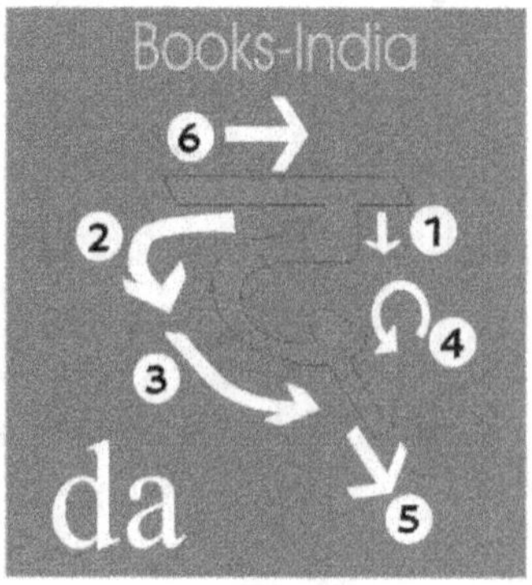

ṭa *ṭha* *ḍha* *da*

(4.4) Letters : ḍa ड, ṅa ङ, jha झ, ha ह

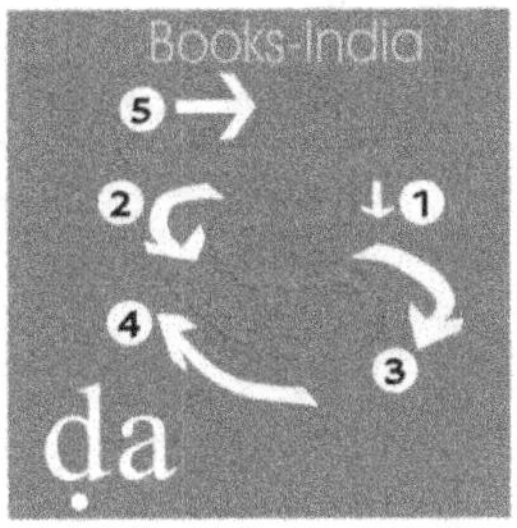

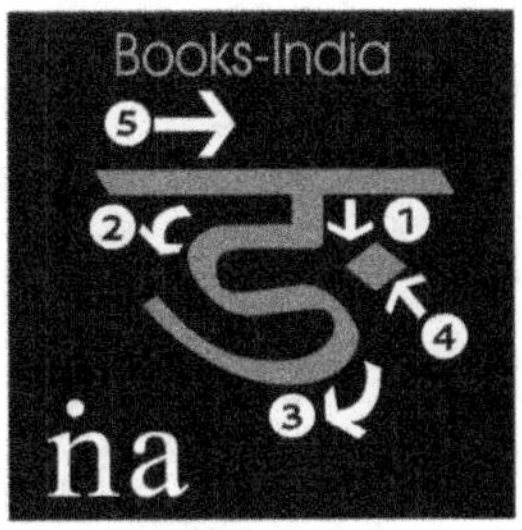

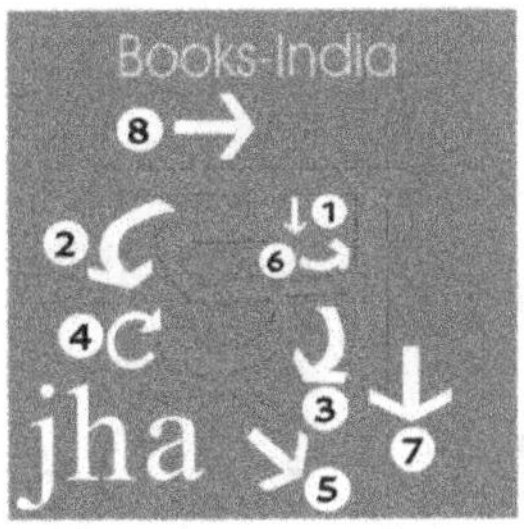

ḍa *ṅga* *jha* *ha*

EXERCISE : Read and Write the following Devanagari words :

1. ट, ठ, ढ, द **2.** ड, ङ, झ **3.** झ, ह, झ **4.** दल, टब, ढल, बन

5. डबल, डर **6.** दहन, कदम **7.** बदन, बदल, मठ **8.** हठ, मत

9. कम, तट, बरगद **10.** सब, हम, गम

ANSWERS : **1.** ṭa, ṭha, ḍha, da **2.** ḍa, ṅga, jha **3.** jha, ha, jha **4.** dal (group), ṭab (tub), ḍhal (pass away), ban (forest) **5.** ḍabal (double), ḍar (fear) **6.** dhan (wealth), kadam (step) **7.** badan (body), badal (change) maṭh (ashram, abode) **8.** haṭh (stubborn-ness), mat (a vote) **9.** kam (less), taṭ (rampart), baragad (Banyan tree) **10.** sab (all), ham (we), gam (sorrow).

(4.5) o ओ, au औ

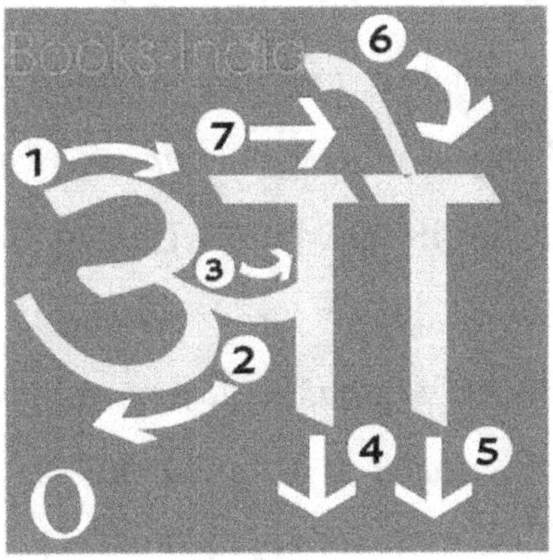

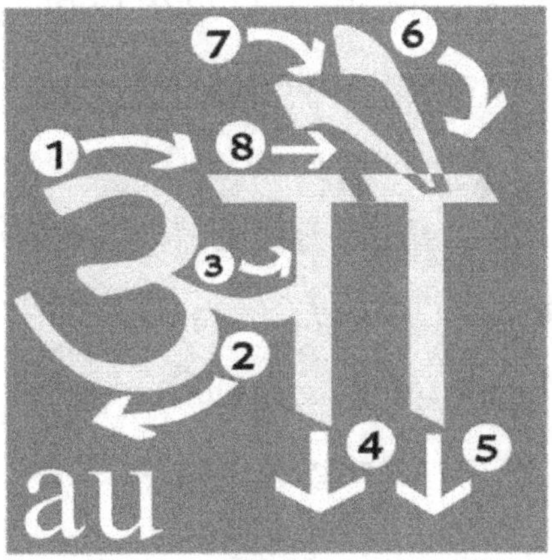

Vowel Signs : ◌ो ◌ौ

EXERCISE : Read and Write the following in Hindī

दो, औरत, दौलत, कौन, और

ANSWERS : दो (do two), औरत (aurat woman), दौलत (daulat wealth), कौन (kaun who?), और (aur and).

(4.6) Letters : अं ṁ, अँ m̐

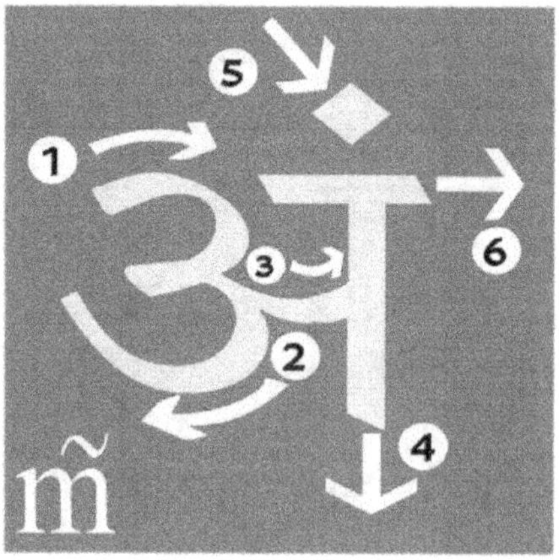

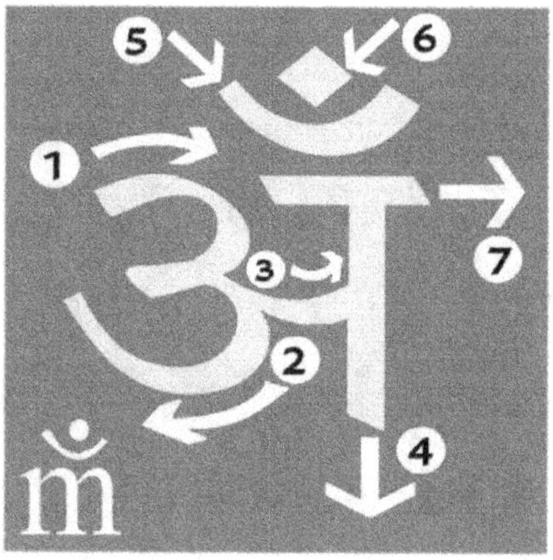

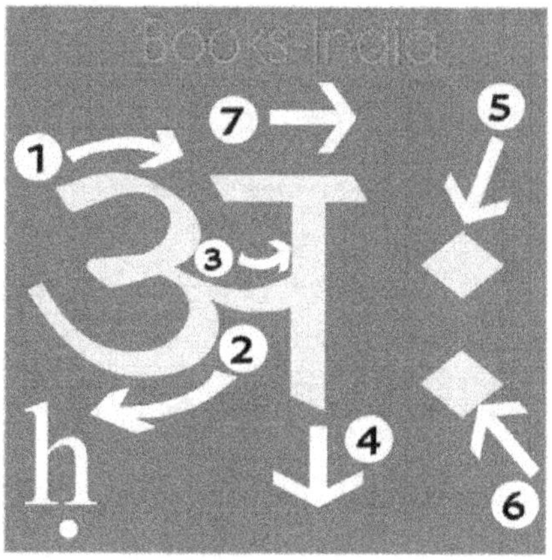

ȧ *a̐* *ah*

Vowel Signs : ं ँ ः

EXERCISE : Read and Write the following Devanagari words with अं, अँ, अः

कंबल (*kambal* blanket) बंदर (*bandar* monkey) वंश (*vam̐sh* linage) पंकज (*pañkaj* lotus), अंग (*aṅg* body), अनंत (*anant* endless), कंठ (*kaṇṭh* throat), मंतर (*mantar* a spell), दंड (*daṇd* stick), रंग (*raṅg* colour), संग (*saṅg* union), संशय (*sam̐shay* doubt), हंस (*ham̐sa* swan), अंतर (*antar* distance), स्वतः (*svataḥ* oneself), चंदन (*chandan* sandlewood), कंप (*kamp* tremor), पतंग (*pataṅg* kite), खंदक (*khandak* moat), खंजर (*khañjar* dagger), मंजन (*mañjan* dentifrice), कंगन (*kaṅgan* bracelet), गंधक (*gandhak* sulphur), ठंढक (*ṭhanḍhak* cold), डंठल (*ḍanṭhal* stem), ढंग (*ḍhaṅg* mode), तरंग (*taraṅg* wave), शंख (*shaṅkh* conch), संचय (*sañchay* accumulation), छः (*chaḥ* six), अंब (*amb* mother), मंच (*mañch* dias), अंबर (*ambar* sky), अंदर (*andar* inside), छंद (*chand* meter), बंद (*band* closed), वंदन (*vandan* salute), मंद (*mand* slow) संघ (*sangh* group), सः (*saḥ* he).

(A) CHARACTERS WITH CHANDRABINDI (*ă̐* अँ): कहाँ (*kahā̐* where), काँपना (*kā̐panā* to tremble), खाँसना (*khā̐sanā* to cough), गाँव (*gā̐v* village, town), चाँद (*chā̐nd* moon), छाँव (*chā̐v* shadow), जहाँ (*jahā̐* where), कहाँ (*kahā̐* where?), यहाँ (*yahā̐* here), वहाँ (*vahā̐* there), दाँत (*dā̐t* tooth), पाँच (*pā̐ch* five), बाँह (*bā̐ha* forearm), भाँजा (*bhā̐ñjā* nephew), माँ (*mā̐* mother), हँसना (*ha̐sanā* to laugh).

(4.7) The Flaps

ड़ *ḍa* ढ़ *ḍha*

(B) THE FLAPS : उड़ना (*uḍanā* to fly), कीड़ा (*kīḍā* worm), खड़ा (*khaḍā* standing), पीड़ा (*pīḍā* pain), लड़ना (*laḍanā* to fight), सड़ना (*saḍanā* to rot).

(4.8) Compound letters : क्ष kṣha , त्र tr, ज्ञ gya

kṣa

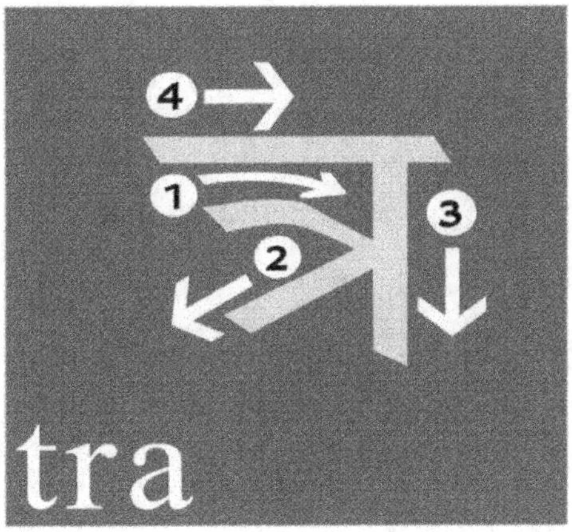

tra

jña, gya, dnya

(4.9) REVIEW, DEVANAGARI VOWELS

अ a   आ ā   ओ o   औ au   इ i   ई ī

Vowel Signs : ा   ो   ौ   ि   ी

EXERCISE : Read and then Write the following in Hindī:

1. आ, ओ, औ, आप **2.** आ, अ, औ, आन **3.** ओ, औ, ओट **4.** अब, आँख, अक्षर **5.** ओर, और, औंधा **6.** ओझल, ओम्, अज्ञ **7.** अघ, औरस, आम, आस, आह, आज, औरत, अंबर, अजः, अंशः, ओघः **8.** इ, ई, ईख **9.** कई, नई, इधर **10.** अंक, ईंधन, अंदाज, चौराह

ANSWERS : **1.** ā, o, au, āp **2.** ā, a, au, ān (swear) **3.** o, au, oṭ (shelter) **4.** ab (now), ā̐kh (eye), akṣhar (alphabet) **5.** or (towards), aur (and), aundhā (face down); **6.** ojhal (invisible), om (Om), Ajña (ignorant) **7.** agha (sin), auras (legitimate), ām (mango), ās (longing), āh (sorrow), āj (today), aurat (woman), ambar (sky), ajḥ (unborn), am̐shaḥ (fraction), oghaḥ (flow), **8.** i, ī, īkh (sugarcane), **9.** kaī (many), naī (new) idhar (on this side) **10.** aṅk (number), Indhan (fuel), andāz (estimate), chaurāh (intersection).

उ u	ऊ ū	ऋ ṛ	ए e	ऐ ai	(रु ru	रू rū)
उ	ऊ	ऋ	ए	ऐ	रु	रू
u	ū	ṛ	e	ai	ru	rū

EXERCISE : Read and Write the following in Sanskrit:

1. उ, ऊ, ऋ **2.** उधर, उछल **3.** उमर, ऊपर **4.** उगम, ऊन **5.** ऊँट, उठ **6.** उतर, इधर **7.** ए, ऐ, ऋ **8.** गए, नए **9.** उछल, उभर **10.** एक, ऐनक, अतः **11.** रूप, तरु

ANSWERS : **1.** u, ū, ṛ **2.** udhar (on that side), uchhal (jump) **3.** umar (age), ūpar (above) **4.** ugam (source), ūn (wool) **5.** ū̐ṭ (camel), uṭh (get up) **6.** utar (get down), idhar (here), **7.** e, at, ṛ **8.** gae (gone), nae (new) **9.** uchhal (bounce), ubhar (grow) **10.** ek (one), ainak (spectacles), ataḥ (therefore). **11.** rūp (form), taru (tree).

(4.10) VOWELS AND THE VOWEL SIGNS, REVIEW

Vowels	अ	आ	इ	ई	उ	ऊ	ऋ	ए	ऐ	ओ	औ
Signs		ा	ि	ी	ु	ू	ृ	े	ै	ो	ौ
Sound	a	ā	i	ī	u	ū	ṛ	e	ai	o	au
		aa		ee		oo	ri	é			

ा	ि	ी	ु	ू	ृ	े	ै	ो	ौ
ā	i	ī	u	ū	ṛ	é	ai	o	au
पा	पि	पी	पु	पू	पृ	पे	पै	पो	पौ
pā, paa	pi	pī, pee	pu	pū, poo	pṛ	pé	pai	po	pau

EXERCISE : Read and write the Sanskritwords :
जितना, जीतना, मृत, चिंता, जूता, कुछ, वैसा, औंधा, दिया, दीया, बेकारी, सूखा, सुखी, भेद, मैं, भिक्षा, ज्ञानी, सुंदरता, कोका कोला, महानता, सुख, दु:ख, चूहा, ज्ञानयोग, भारतीय, अमरीकन, पौराणिक.

ANSWERS : jitnā (as much), jītnā (to win), mrit (dead), chintā (worry), jūtā (shoe), kuchh (some), vaisā (like that), aundhā (face down), diyā (gave), dīyā (lamp), bekārī (unemployment), sūkhā (dry), sukhi (happy), bhed (difference), mai̐ (I), bhikshā (alms), jñānī (knowledgable), sundartā (beauty), kokā kolā (coke), mahānatā (greatness), sukh duḥkh (happyness and sorrow), chūhā (mouse), jñānayoga (yoga of knowledge), bhāratiya (Indian), amarīkan (American), paurāṇik (ancient).

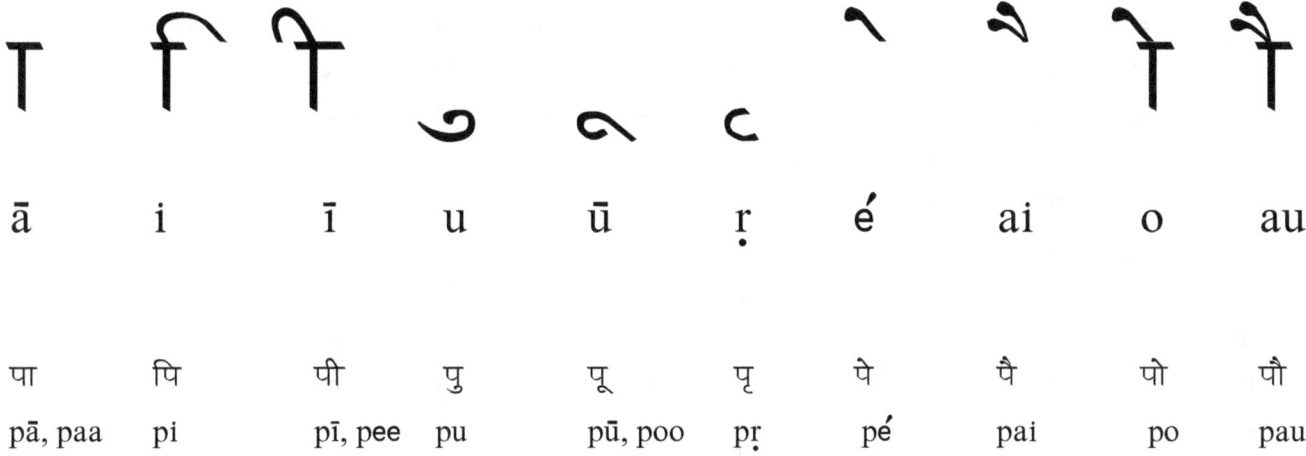

4.11 CHART OF ALPHABET WITH VOWEL SIGNS

अ	आ	इ	ई	उ	ऊ	ऋ	ए	ऐ	ओ	औ	अं	अः
	ा	ि	ी	ु	ू	ृ	े	ै	ो	ौ	ं	ः
	(क्= ा)	(क्+ ि)	(क्+ ी)	(क्+ ु)	(क्+ ू)	(क्+ ृ)	(क्+ े)	(क्+ ै)	(क्+ ो)	(क्+ ौ)	(क्+ ं)	(क्+ :)
क	का	कि	की	कु	कू	कृ	के	कै	को	कौ	कं	कः
ख	खा	खि	खी	खु	खू	खृ	खे	खै	खो	खौ	खं	खः
ग	गा	गि	गी	गु	गू	गृ	गे	गै	गो	गौ	गं	गः
घ	घा	घि	घी	घु	घू	घृ	घे	घै	घो	घौ	घं	घः
ङ	ङा	ङि	ङी	ङु	ङू	–	ङे	ङै	ङो	ङौ	ङं	ङः
च	चा	चि	ची	चु	चू	चृ	चे	चै	चो	चौ	चं	चः
छ	छा	छि	छी	छु	छू	छृ	छे	छै	छो	छौ	छं	छः
ज	जा	जि	जी	जु	जू	जृ	जे	जै	जो	जौ	जं	जः
झ	झा	झि	झी	झु	झू	झृ	झे	झै	झो	झौ	झं	झः
ञ	ञा	ञि	ञी	ञु	ञू	–	ञे	ञै	ञो	ञौ	ञं	ञः
ट	टा	टि	टी	टु	टू	टृ	टे	टै	टो	टौ	टं	टः
ठ	ठा	ठि	ठी	ठु	ठू	ठृ	ठे	ठै	ठो	ठौ	ठं	ठः
ड	डा	डि	डी	डु	डू	डृ	डे	डै	डो	डौ	डं	डः
ढ	ढा	ढि	ढी	ढु	ढू	ढृ	ढे	ढै	ढो	ढौ	ढं	ढः
ण	णा	णि	णी	णु	णू	णृ	णे	णै	णो	णौ	णं	णः
त	ता	ति	ती	तु	तू	तृ	ते	तै	तो	तौ	तं	तः
थ	था	थि	थी	थु	थू	थृ	थे	थै	थो	थौ	थं	थः
द	दा	दि	दी	दु	दू	दृ	दे	दै	दो	दौ	दं	दः
ध	धा	धि	धी	धु	धू	धृ	धे	धै	धो	धौ	धं	धः
न	ना	नि	नी	नु	नू	नृ	ने	नै	नो	नौ	नं	नः
प	पा	पि	पी	पु	पू	पृ	पे	पै	पो	पौ	पं	पः
फ	फा	फि	फी	फु	फू	फृ	फे	फै	फो	फौ	फं	फः
ब	बा	बि	बी	बु	बू	बृ	बे	बै	बो	बौ	बं	बः
भ	भा	भि	भी	भु	भू	भृ	भे	भै	भो	भौ	भं	भः
म	मा	मि	मी	मु	मू	मृ	मे	मै	मो	मौ	मं	मः
य	या	यि	यी	यु	यू	यृ	ये	यै	यो	यौ	यं	यः
र	रा	रि	री	रु	रू	ऋ	रे	रै	रो	रौ	रं	रः
ल	ला	लि	ली	लु	लू	लृ	ले	लै	लो	लौ	लं	लः
व	वा	वि	वी	वु	वू	वृ	वे	वै	वो	वौ	वं	वः
श	शा	शि	शी	शु	शू	शृ	शे	शै	शो	शौ	शं	शः
ष	षा	षि	षी	षु	षू	षृ	षे	षै	षो	षौ	षं	षः
स	सा	सि	सी	सु	सू	सृ	से	सै	सो	सौ	सं	सः
ह	हा	हि	ही	हु	हू	हृ	हे	है	हो	हौ	हं	हः

4.12 DIVINITY
IN THE DEVANAGARI CHARACTERS

ॐ	प्रणव, मंगल, ब्रह्म
अ	अमृत, ब्रह्मा, विष्णु, वैश्वानर, शिव
आ	महादेव, लक्ष्मी
इ	कामदेव
ई	कामदेव
उ	ब्रह्मा, शिव, चंद्रबिंब
ऊ	चंद्रमा, शिव
ऋ	अदिति, देवमाता
ॠ	दानव माता, देवमाता, भैरव
ऌ	देवमाता, पर्वत, भूमि
ॡ	देवमाता, नारी आत्मा, कामधेनु, शिव
ए	विष्णु, दया, स्मरण
ऐ	शिव
ओ	ब्रह्म
औ	संकल्प
क	ब्रह्म, विष्णु, कामदेव, अग्नि, पवन, यम, सूर्य, मयूर, मेघ, मन, समय, यम, राजा, पक्षी, स्वर, हर्ष, जल, शिर
क्ष	विष्णु, विद्युत, क्षेत्र, किसान
ख	आकाश, स्वर्ग, सूर्य, शून्य, अनुस्वार, ज्ञान, इन्द्रिय, आनंद, अबरक, ब्राह्मण
ग	गणेश, गंधर्व, गीत, गुरु
घ	घंटी
ङ	भैरव
च	चंद्र
छ	स्वच्छ, अंश
ज	जनक, जन्म, विष, विष्णु, मोक्ष, कान्ति
ज्ञ	ब्रह्मा, आत्मा, बुध, मंगल, बुद्धि
झ	बृहस्पति, झंझावात
ञ	शुक्र, संगीत

ट	पृथ्वी, वीणा
ठ	शून्य, शिव, देव, मूर्ति, आकाश मंडल
ड	शिव, मृदंग, वाडवाग्नि
ढ	परमेश्वर, ध्वनि, साँप, ढोल, कुत्ता
ण	शिव, बुद्ध, दान, ज्ञान, गहना
त	अमृत, रत्न, येद्धा, छाती, गर्भाशय
थ	पर्वत, मंगल, रक्षा
द	दाँत, दाता, पर्वत, पत्नी
ध	धन, ब्रह्मा, कुबेर, धर्म
न	गणेश, मोती, धन, युद्ध
प	वायु, पत्र, अंडा, रक्षक, राजा
फ	उष्णता, फूँक, फुत्कार
ब	वरुण, समुद्र, जल, योनि,
भ	सूर्य, राशिचक्र
म	ब्रह्म, विष्णु, शिव, यम, चंद्र, जल, काल, विष, सुख
य	वायु, योग, त्याग, प्रकाश, कीर्ति, संयम
र	देवता, अग्नि, प्रेम, स्वर्ण, वेग
ल	लघु, दस काल लकार
व	पवन, समुद्र, राहु, वृक्ष, मदिरा, वस्त्र
श	शिव, हर्ष
ष	मुक्ति, मोक्ष, सर्वोत्तम
स	विष्णु, शिव, चंद्र, साँप, पवन, पक्षी, आत्मा, ज्ञान, चिंतन
ह	ब्रह्म, जल, आकाश, रक्त, शून्य, स्वर्ग शुभ, गर्व, वैद्य, अश्व, युद्ध, अस्त्र, आनंद पापहरण, कारण, प्रसिद्धि

LESSON 5

KEY WORDS

5.1 A VOCABULARY OF KEY Hindi WORDS

READ the Hindi and WRITE them. Understand and remember as many as possible.

मैं (*maĩ*; I),	हूँ (*hū̃*; am),	हम (*ham*; we),
आप (*āp*; you),	तुम (*tum*; you),	वह (*vah*; he-she),
वो (*vo*; he, she),	वे (*ve*; they),	हमें (*hamẽ*; to us),
आपको (*āp ko*; to you),	उसको (*us ko*; to him-her),	उनको (*un ko*; to them),
मैंने (*maĩ ne* ; I),	आपने (*āp ne*; you),	तूने (*tū ne*; you),
तुमने (*tum ne*; you),	उसने (*us ne*; he, she),	मुझे (*mujhe*; to me),
आपसे (*āp se*; from you),	मुझसे (*mujh se*; from me),	तुझसे (*tujh se*; from you)
तुमसे (*tum se*; from you),	उससे (*us se*; from him-her),	उनसे (*un se*; from them),
मेरे पास (*mere pās*; near me),	मेरे लिये (*mere liye*; for me),	आपके लिये (*āpke liye*; for you),
हमारे लिये (*hamāre liye*; for us),	उनके लिये (*unke liye*; for them),	मेरा (*merā*; my m◦),
मेरी (*merī*; my f◦),	मेरे (*mere*; my plural◦),	हमारा (*hamārā*; our m◦),
हमारी (*hamārī*; our f◦),	हमारे (*hamāre*; our pl◦),	आपका (*āp kā*; your),
आपकी (*āp kī*; your f◦),	आपके (*āp ke*; your),	मुझमें (*mujh mẽ*; in me),
तुझमें (*tujh mẽ*; in you),	आपमें (*āp mẽ*; in you),	उसमें (*us mẽ*; in him, her),
उनमें (*un mẽ*; in them),	मुझ पर (*mujh par*; on me),	तुम पर (*tum par*; on you),
तुझ पर (*tujh par*; on you),	आप पर (*āp par*; on you),	उस पर (*us par*; on him, her),
उन पर (*un par*; on them),	मैं हूँ (*maĩ hū̃*; I am),	तुम हो (*tum ho*; you are),
आप हैं (*āp haĩ*; you are),	हूँ (*hū̃*; am),	है (*hai*; is, has),
हैं (*haĩ*; are), -	था (*thā*; was, had, used to),	क्या (*kyā*; what),
कैसा, कैसी, कैसे (m◦ *kaisā*, f◦ *kaisī*, plural◦ *kaise*; how),		ठीक (*ṭhīk*; ok, alright),
नाम (*nām*; name),	लड़का (*laḍkā*; Boy),	लड़की (*laḍkī*; Girl),
कुत्ता (*kuttā*; Dog),	बिल्ली (*billī*; Cat),	घर (*ghar*; House, home),
चाय (*chāy*; Tea).	पी (*pī*; to Drink).	गरम (*garam*; Hot).

5.2 A VOCABULARY OF KEY Sanskrit WORDS

READ the Sanskrit words and WRITE them. Understand and remember as many as possible.

Sanskrit (*transliteration*, Meaning)

अहम् (***aham*** I)	आवाम् (***āvām*** we two)	वयम् (***vayam*** we)
माम् (***mām*** to me)	मया (***mayā*** by me)	मे (***me*** for me)
मम (***mama*** my)	नः (***naḥ*** to us)	मयि (***mayi*** in me)
भवान् (***bhavān*** you, m.)	भवती (***bhavatī*** you, f.)	त्वम् (***tvam*** you)
तव (***tava*** your)	सः (***saḥ*** he)	तत् (tat that)
तम् (***tam*** to him)	तेन (***tena*** by him)	ते (***te*** they)
सा (***sā*** she)	ताम् (***tām*** to her)	यः (***yaḥ*** who)
कः (***kaḥ*** who?)	यौ (***yau*** who two)	कौ (***kau*** who two?),
ये (***ye*** all who)	के (***ke*** all who?)	यम् (***yān*** to whom)
यान् (***yān*** to whom all)	येन (***yena*** by whom)	या (***yā*** who f∘)
याः (***yāḥ*** who all f∘)	याम् (***yām*** to whom f∘)	यया (***yayā*** by whom f∘)
एषः (***eṣā*** this)	एते (***ete*** these)	एतम् (***etam*** to this)
एतान् (***etān*** to these)	एतेन (***etena*** by this)	एतैः (***etaiḥ*** by these)
एतेषु (***eteṣu*** in these)	एषा (***eṣā*** this f∘)	एताः (***etāḥ*** these f∘)
एताम् (***etām*** to this f∘)	एतया (***etayā*** by this f∘)	एतासु (***etāsu*** in these f∘)
एतत् (***etat*** this n∘)	एतद् (***etad*** this n∘)	एतानि (***etāni*** these n∘)
कः (***kaḥ*** who? m∘),	कौ (***kau*** who two? m∘)	के (***ke*** who all? m∘)
कम् (***kam*** whom? m∘)	केन (***kena*** by whom?)	केषु (***keṣu*** in whom?)
का (***kā*** who? f∘),	काः (***akāḥ*** who all? f∘)	कया (***kayā*** by whom? f∘)
काभिः (***kābhiḥ*** by whom all? f∘)	किम् (***kim*** what? n∘)	कानि (***kāni*** which all? n∘)
अयम् (***ayam*** this m∘)	इमे (***ime*** these m∘)	इमम् (***imam*** to this)
अनेन (***anena*** by this)	एषाम् (***eṣām*** of these)	एषु (***eṣu*** in these)
इदम् (***idam*** this n∘)	इमानि (***imāni*** these n∘)	असौ (***asau*** this m∘)
राम (***rāma*** Rām)	वन (***vana*** forest)	माला (***mālā*** garland)

LESSON 6

USE OF HALF THE CONSONANTS TO MAKE COMPOUND LETTERS

RULE : When two (or more) consonants come in a row (without a vowel between them), the last consonant (on the right side) is a **full consonant** and the rest (on its left side) are **half consonants**.

*Character k (क्, क) : पक्का (k + k *pakkā* strong), क्लेष (k + l *kleṣa* distress), क्या (k + y *kyā* what?), वक्त (k + t *vakta* time) रुक्मिणी (k + m *rukmiṇī* Rukmiṇī)

*Character kh (ख्, ख) : ख्याल (kh + y *khyāl* thought) ख्वाब (kh + w *khwāb* dream)

*Character g (ग्, ग) : ग्लास (g + l *glās* glass), दुग्ध (g + dh *dugdha* milk), अग्नि (g + n *agni* fire), भाग्य (g + y *bhāgya* fortune), ग्वाला (g + w *gwālā* milkman)

*Character gh (घ्, घ) : विघ्न विघ्न विघ्‌न (gh + n *vighna* obstacle), लघ्वाशी लघ्‌वाशी (gh + v *laghvāshī* moderate eater)

*Character ch (च्, च) : बच्चा (ch + ch *bachchā* kid), अच्युत (ch + y *achyut* Krishṇa, Viṣṇu), अच्छा (ch + chh *achchhā* good)

*Character j (ज्, ज) : राज्य (j + y *rājya* kingdom), सज्ज (j + j *sajja* ready), उज्ज्वल (j + j + v *ujjval* bright), ज्वाला (j + w *jwālā* flame)

*Character ṭ (ट्) : मिट्टी, मिट्‌टी (ṭ + ṭ *miṭṭī* soil) मुट्ठी (ṭ + ṭh *muṭṭhī* fist)

*Character ḍ (ड्) : हड्डी हड्‌डी (ḍ + ḍ *haḍḍī* bone)

*Character ṇ (ण्, ण) : कण्ठ (ṇ + ṭh *kaṇṭha* throat), कण्टक (ṇ + ṭh *kaṇṭak* thorn), षण्मास (ṇ + m *ṣaṇmās* six months), अण्डा (ṇ + ḍ *aṇḍā* egg)

*Character t (त्, त) : सत्कार (t + k *satkār* honour), रत्नाकर (t + n *ratnākar* Ratnakar), आत्मा (t + m *ātmā* soul), त्याग (t + y *tyāg* sacrifice), त्रास (t + r *trās* trouble), त्वरा (t + v *tvarā* rush), सत्त्व, सत्‌त्व, सत्‌त्‌व (t + t + v *sattava* truth)

*Character th (थ्, ध) : तथ्य (th + y *tathya* reality)

*Character dh (ध्, ६) : ध्वज (dh + v *dhvaj* flag), दध्म (dh + m *dadhma* to blow), मध्य (dh + y *madhya* centre), ध्वनि (dh + v *dhvani* sound)

*Character n (न्, न) : आनन्द (n + d *ānand* joy), अन्न (n + n *anna* food), जन्म (n + m *janma* birth), धन्यवाद (n + y *dhanyavād* thanks), इन्तजार (n + t *intajār* wait), अन्धेरा (n + dh *andherā* darkness)

*Character p (प्, प) : समाप्ति (p + t *samāpti* end), प्यार (p + y *pyār* love), स्वप्न (p + n *svapna* dream), प्लव (p + l *plava* floating)

*Character ph, f (फ्, फ) : फ्लावर (f + l *flāwar* flower), हफ्ता (f + t *haftā* week)

*Character b (ब्, ब) : धब्बा (b + b *dhabbā* spot), ब्लू (b + l *blū* blue), शब्द (b + d *shabda* sound), ब्याह (b + y *byāha* wedding), सब्जी (b + j *sabzī* vegetable)

*Character bh (भ्, भ) : अभ्यास (bh + y *abhyās* study),

*Character m (म्, म) : सम्पदा (m + p *sampadā* wealth), सम्यक् (m + y *samyak* proper), सम्मान (m + m *sammāna* honour), मुम्बई (m + b *mumbaī* Bombay), अम्ल (m + l *amla* sour), साम्य (m + y*sāmya* similarity)

*Character y (य्, य) : शय्या (y + y *shayyā* bed)

*Character l (ल्, ल) : वल्क (l + k *valka* bark), जुल्फ (l + f *julfa* hair), गुल्म (l + m *gulma* bush, a cluster of plants), कल्याण (l + y *kalyāṇ* benefit)

SPECIAL COMPOUND CHARACTERS

(1) Character d (द्) forms following commonly used SEVEN compound letters :

(i). d + ga = dga writen as :	द् + ग = द्ग = द्ग	भगवद्गीता	*bhagavadgītā*
(ii) d + da = dda written as :	द् + द = द्द = द्द	उद्देश	*uddesha* (aim)
(iii) d + dha = ddha written as	द् + ध = द्ध = द्ध	बुद्ध	*buddha*
(v) d + bha = dbha written as :	द् + भ = द्भ = द्भ	श्रीमद्भगवद्गीता	*shrīmatbhagavadgītā*
(v) d + ya = dya written as :	द् + य् = द्य = द्य	विद्या	*vidyā* (knowledge)
(vi) d + ma = dma written as :	द् + म् = द्म = द्म	पद्म	*padma* (lotus)
(vii) d + va = dva written as :	द् + व् = द्व = द्व	द्वार	*dvār* (gate)

(2) Characters *ra* and *r* (र, र्) form following TWO types of compounds :

(A) WHEN FULL CONSONANT *ra* (र) comes after a half consonant character, it is written as a slant line attached to that (half) consonant. (Note : Even though that half consonant apprars to be written as a full consonant, it is actually a half consonant) :

(i) k (half) + ra (full) = kra	(क् + र = क्‌र = क्र)	चक्र	*chakra* (wheel)
(ii) g + ra = gra	(ग् + र = ग्‌र = ग्र)	अग्र	*agra* (tip)
(iii) t + ra = tra	(त् + र = त्‌र = त्र)	पवित्र	*pavitra* (holy)
(iv) d + ra = dra	(द् + र = द्र)	द्रव	*drava* (liquid)
(v) sh + ra =shra	(श् + र = श्र)	श्री	*shrī* (lofty)
(vi) ṭ or ḍ+ ra= tra, ḍra	(ट् + र = ट्र)	राष्ट्र	*rāṣṭra* (nation)
(vii) s + ra = sra	(स् + र = स्‌र = स्र)	सहस्र	*sahasra* (thousand)
s + t + ra = stra	(स् +त् + र = स्‌त्‌र =स्त्र)	स्त्री	*strī* (woman)

(B) WHEN THE HALF CONSONANT *r* (र्) comes before any full consonant character, the *r* (र्) is written as (ॅ) over that full consonant.

(viii) r + k (ॅ) र् + क = र्क । अर्क (*arka* extract), स्वर्ग (*svarga* heaven),

AGAIN REMEMBER :

(i) The slant line character (⁄) represents the full र (*ra*),

it does not represent half र् (*r*)

e.g. प्र = प् + र प्रकाश

क्र, ख्र, ग्र, घ्र, च्र, ज्र, त्र, थ्र, द्र, ध्र, न्र, प्र, फ्र, ब्र, भ्र, म्र, व्र, व्र, श्र, स्र, स्त्र

NOTE : When letter R (र) is added to letters ṭ, ṭd, ḍ, Ḍh chh (ट, ठ, ड, ढ, छ), the full R (र) is written as (‸) attached to the bottom of those letters. e.g. ट्र, ठ्र, ड्र, ढ्र, छ्र

Examples : ग्रूप, ब्रेन, ड्रेप, ट्रेन, फ्रेंच, ट्री, श्री, स्त्री, ग्रास, क्रीम, ड्रिंक, ड्रोन, ड्रूप, ट्रूप, ग्रेट, ग्रीन, etc.

(ii) The curved line character (ॅ) represents half र् (*r*),

it does not represent full र (*ra*)

e.g. र्प = र् + प सर्प

Examples : वर्क, गार्डन, बोर्डिंग, रिपोर्ट, बोर्ड, वर्ड, कार्गो, चार्ज, बर्नर, बर्निंग, कार्पेट, कार्पेंटर, etc.

EXERCISE : Read the following Devanagari words :

*Character r (र्) : तर्क (r + k *tarka* philosophy), वर्ग (r + g *varga* class), अर्चना (r + ch *archnā* worship), कर्ज (r + j *karja* loan), वर्ण (r + ṇ *varṇa* colour, letter, class), नर्तकी (r + t *nartakī* dancer), व्यर्थ (r + th *vyartha* unnecessary), दर्द (r + d *dard* pain), वर्धन (r + dh *vardhan* growth), सर्प (r + p *sarpa* snake), दर्भ (r + bh *darbha* grass), कर्म (r + m *karma* work, deed), कार्य (r + y *kārya* duty)

Compounds with (र) : क्रिया (k + ra *kriyā* action), ग्रीवा (g + ra *grīvā* neck), वज्र (j + ra *vajra* thunderboalt), राष्ट्र (ṣ + ṭ + ra *rāṣṭra* nation), त्रिशूल (t + ra *triśhūl* trident), भद्र (d + ra *bhadra* gentle), प्रकाश (p + ra *prakāsh* light), ब्रह्मा (b + ra *Brahmā* creator), व्रत (v + ra *vrat* austerity), श्रीमती (sh + ra *shrīmatī* madam)

(3) Character ह् forms following three types of very common compound letters :

(i) h + ma = hma (ह् + म = ह्म) ब्रह्मा (*brahmā* the Creator)

(ii) h + ya = hya (ह् + य = ह्य) बाह्य (*bahya* outer)

(iii) h + ṛ = hṛ (ह् + ऋ = हृ) हृदय (*hṛday* heart)

THE SPECIAL LETTER *kta*

क्त (क्त)

(4) Character k :

character k + ta = kta. *kta* can be written as क् + त = क्त ।

but there is a special character for this combo which is written as क् + त = क्त = क्त

EXAMPLES :

रक्त (*rakta* blood), भक्ति भक्ति (*bhakti* devotion), वक्ता वक्ता (*vaktā* speaker), मुक्त मुक्त (*mukta* free), आसक्ति, आसक्ति (*āsakti* attachment), पंक्ति पंक्ति (*paṅkti* line) ...etc

COMPOUNDING DEVANAGARI CONSONANTS

+	क	ख	ग	घ	च	छ	ज	झ	ट	ठ	ड	ढ	ण	त	थ	द
क्	क्क	क्ख	क्ग	क्घ	क्च	क्छ	क्ज	क्झ	क्ट	क्ठ	क्ड	क्ढ	ल्ण	क्त	क्थ	क्द
ख्	ख्क	ख्ख	ख्ग	ख्घ	ख्च	ख्छ	ख्ज	ख्झ	ख्ट	ख्ठ	ख्ड	डढ	ख्ण	ख्त	ख्थ	ख्द
ग्	ग्क	ग्ख	ग्ग	ग्घ	ग्च	ग्छ	ग्ज	ग्झ	ग्ट	ग्ठ	ग्ड	ग्ढ	ग्ण	ग्त	ग्थ	ग्द
घ्	घ्क	घ्ख	घ्ग	घ्घ	घ्च	घ्छ	घ्ज	घ्झ	घ्ट	घ्ठ	घ्ड	घ्ढ	घ्ण	घ्त	घ्थ	घ्द
ङ्	ङ्क	ङ्ख	ङ्ग	ङ्घ	ङ्च	ङ्छ	ङ्ज	ङ्झ	ङ्ट	ङ्ठ	ङ्ड	ङ्ढ	ङ्ण	ङ्त	ङ्थ	ङ्द
च्	च्क	च्ख	च्ग	च्घ	च्च	च्छ	च्ज	च्झ	च्ट	च्ठ	च्ड	च्ढ	च्ण	च्त	च्थ	च्द
छ्	छ्क	छ्ख	छ्ग	छ्घ	छ्च	छ्छ	छ्ज	छ्झ	छ्ट	छ्ठ	छ्ड	छ्ढ	छ्ण	छ्त	छ्थ	छ्द
ज्	ज्क	ज्ख	ज्ग	ज्घ	ज्च	ज्छ	ज्ज	ज्झ	ज्ट	ज्ठ	ज्ड	ज्ढ	ज्ण	ज्त	ज्थ	ज्द
झ्	झ्क	झ्ख	झ्ग	झ्घ	झ्च	झ्छ	झ्ज	झ्झ	झ्ट	झ्ठ	झ्ड	झ्ढ	झ्ण	झ्त	झ्थ	झ्द
ञ्	ञ्क	ञ्ख	ञ्ग	ञ्घ	ञ्च	ञ्छ	ञ्ज	ञ्झ	ञ्ट	ञ्ठ	ञ्ड	ञ्ढ	ञ्ण	ञ्त	ञ्थ	ञ्द
ट्	ट्क	ट्ख	ट्ग	ट्घ	ट्च	ट्छ	ट्ज	ट्झ	ट्ट	ट्ठ	ट्ड	ट्ढ	ट्ण	ट्त	ट्थ	ट्द
ठ्	ठ्क	ठ्ख	ठ्ग	ठ्घ	ठ्च	ठ्छ	ठ्ज	ठ्झ	ठ्ट	ठ्ठ	ठ्ड	ठ्ढ	ठ्ण	ठ्त	ठ्थ	ठ्द
ड्	ड्क	ड्ख	ड्ग	ड्घ	ड्च	ड्छ	ड्ज	ड्झ	ड्ट	ड्ठ	ड्ड	ड्ढ	ड्ण	ड्त	ड्थ	ड्द
ढ्	ढ्क	ढ्ख	ढ्ग	ढ्घ	ढ्च	ढ्छ	ढ्ज	ढ्झ	ढ्ट	ढ्ठ	ढ्ड	ढ्ढ	ढ्ण	ढ्त	ढ्थ	ढ्द
ण्	ण्क	ण्ख	ण्ग	ण्घ	ण्च	ण्छ	ण्ज	ण्झ	ण्ट	ण्ठ	ण्ड	ण्ढ	ण्ण	ण्त	ण्थ	ण्द
त्	त्क	त्ख	द्ग	द्घ	च्च	छ्छ	ज्ज	झ्झ	द्ट	द्ठ	द्ड	द्ढ	द्ण	त्त	त्थ	द्द
थ्	थ्क	थ्ख	ध्ग	ध्घ	थ्च	थ्छ	थ्ज	थ्झ	थ्ट	थ्ठ	थ्ड	थ्ढ	थ्ण	थ्त	थ्थ	ध्द
द्	द्क	द्ख	द्ग	द्घ	च्च	छ्छ	ज्ज	झ्झ	द्ट	द्ठ	द्ड	द्ढ	द्ण	त्त	त्थ	द्द
ध्	ध्क	ध्ख	ध्ग	ध्घ	ध्च	ध्छ	ध्ज	ध्झ	ध्ट	ध्ठ	ध्ड	ध्ढ	ध्ण	ध्त	ध्थ	ध्द
न्	न्क	न्ख	न्ग	न्घ	ञ्च	ञ्छ	ञ्ज	ञ्झ	ण्ट	ण्ठ	ण्ड	ण्ढ	ण्ण	न्त	न्थ	न्द
प्	प्क	प्ख	प्ग	प्घ	प्च	प्छ	प्ज	प्झ	प्ट	प्ठ	प्ड	प्ढ	प्ण	प्त	प्थ	प्द
फ्	फ्क	फ्ख	फ्ग	फ्घ	फ्च	फ्छ	फ्ज	फ्झ	फ्ट	फ्ठ	फ्ड	फ्ढ	फ्ण	फ्त	फ्थ	फ्द
ब्	ब्क	ब्ख	ब्ग	ब्घ	ब्च	ब्छ	ब्ज	ब्झ	ब्ट	ब्ठ	ब्ड	ब्ढ	ब्ण	ब्त	ब्थ	द्ब
भ्	भ्क	भ्ख	भ्ग	भ्घ	भ्च	भ्छ	भ्ज	भ्झ	भ्ट	भ्ठ	भ्ड	भ्ढ	भ्ण	भ्त	भ्थ	द्भ
म्	ङ्क	ङ्ख	ङ्ग	ङ्घ	ङ्च	ङ्छ	ङ्ज	ङ्झ	म्ट	म्ठ	म्ड	म्ढ	म्ण	म्त	म्थ	म्द
य्	य्क	य्ख	य्ग	य्घ	य्च	य्छ	य्ज	य्झ	य्ट	य्ठ	य्ड	य्ढ	य्ण	य्त	य्थ	य्द
र्	र्क	र्ख	र्ग	र्घ	र्च	र्छ	र्ज	र्झ	र्ट	र्ठ	र्ड	र्ढ	र्ण	र्त	र्थ	र्द
ल्	ल्क	ल्ख	ल्ग	ल्घ	ल्च	ल्छ	ल्ज	ल्झ	ल्ट	ल्ठ	ल्ड	ल्ढ	ल्ण	ल्त	ल्थ	ल्द
व्	व्क	व्ख	व्ग	व्घ	व्च	व्छ	व्ज	व्झ	व्ट	व्ठ	व्ड	व्ढ	व्ण	व्त	व्थ	व्द
श्	श्क	श्ख	श्ग	श्घ	श्च	श्छ	श्ज	श्झ	श्ट	श्ठ	श्ड	श्ढ	श्ण	श्त	श्थ	श्द
ष्	ष्क	ष्ख	ष्ग	ष्घ	ष्च	ष्छ	ष्ज	ष्झ	ष्ट	ष्ठ	ष्ड	ष्ढ	ष्ण	ष्त	ष्थ	ष्द
स्	स्क	स्ख	स्ग	स्घ	स्च	स्छ	स्ज	स्झ	स्ट	स्ठ	स्ड	स्ढ	स्ण	स्त	स्थ	स्द
ह्	ह्क	ह्ख	ह्ग	ह्घ	ह्च	ह्छ	ह्ज	ह्झ	ह्ट	ह्ठ	ह्ड	ह्ढ	ह्ण	ह्त	ह्थ	ह्द

+	ध	न	प	फ	ब	भ	म	य	र	ल	व	श	ष	स	ह
क्	क्ध	क्न	ग्प	ग्फ	ग्ब	ग्भ	क्म	क्य	क्र	क्ल	क्व	क्श	क्ष	क्स	ख
ख्	ख्ध	ख्न	ख्प	ख्फ	ख्ब	ख्भ	ख्म	ख्य	ख्र	ख्ल	ख्व	ख्श	ख्ष	ख्स	ख्ख
ग्	ग्ध	ग्न	ग्प	ग्फ	ग्ब	ग्भ	ग्म	ग्य	ग्र	ग्ल	ग्व	ग्श	ग्ष	ग्स	घ
घ्	घ्ध	घ्न	घ्प	घ्फ	घ्ब	घ्भ	घ्म	घ्य	घ्र	घ्ल	घ्व	घ्श	घ्ष	घ्स	घ्ह
ङ्	ङ्ध	ङ्न	ङ्प	ङ्फ	ङ्ब	ङ्भ	ङ्म	ङ्य	ङ्र	ङ्ल	ङ्व	ङ्श	ङ्क्ष	ङ्स	ङ्घ
च्	च्ध	च्न	ज्प	ज्फ	च्ब	च्भ	च्म	च्य	च्र	च्ल	च्व	च्श	च्ष	च्त	छ
छ्	छ्ध	छ्न	छ्प	छ्फ	छ्ब	छ्भ	छ्म	छ्य	छ्र	छ्ल	छ्व	छ्श	छ्ष	छ्स	छ्छ
ज्	ज्ध	ज्न	ज्प	ज्फ	ज्ब	ज्भ	ज्म	ज्य	ज्र	ज्ल	ज्व	ज्श	ज्ष	ज्स	ज्झ
झ्	झ्ध	झ्न	झ्प	झ्फ	झ्ब	झ्भ	झ्म	झ्य	झ्र	झ्ल	झ्व	झ्श	झ्ष	झ्स	झ्झ
ञ्	ञ्ध	ञ्न	ञ्प	ञ्फ	ञ्ब	ञ्भ	ञ्म	ञ्य	ञ्र	ञ्ल	ञ्व	ञ्श	ञ्ष	ञ्स	ञ्ह
ट्	ट्ध	ट्ण	ट्प	ट्फ	ट्ब	ट्भ	ट्म	ट्य	ट्र	ट्ल	ट्व	ट्श	ट्ष	ट्स	ठ
ठ्	ठ्ध	ठ्ण	ठ्प	ठ्फ	ठ्ब	ठ्भ	ठ्म	ठ्य	ठ्र	ठ्ल	ठ्व	ठ्श	ठ्ष	ठ्स	ठ्ह
ड्	ड्ध	ड्ण	ड्प	ड्फ	ड्ब	ड्भ	ड्म	ड्य	ड्र	ड्ल	ड्व	ड्श	ड्ष	ड्स	ढ
ढ्	ढ्ध	ढ्ण	ढ्प	ढ्फ	ढ्ब	ढ्भ	ढ्म	ढ्य	ढ्र	ढ्ल	ढ्व	ढ्श	ढ्ष	ढ्स	ढ्ह
ण्	ण्ध	ण्ण	ण्प	ण्फ	ण्बा	ण्भ	ण्म	ण्य	ण्र	ण्ल	ण्व	ण्श	ण्ष	ण्स	ण्ह
त्	द्ध	त्न	त्प	त्फ	द्ब	द्भ	त्म	त्य	त्र	त्ल	त्व	त्श	त्ष	त्स	थ
थ्	थ्ध	थ्न	ध्प	ध्फ	थ्ब	थ्भ	थ्म	थ्य	थ्र	थ्ल	थ्व	थ्श	थ्ष	थ्स	थ्थ
द्	द्ध	द्न	द्प	द्फ	द्ब	द्भ	द्ज	द्झ	द्र	द्ल	द्व	द्श	द्ष	द्स	ध्ह
ध्	ध्ध	ध्न	ध्प	ध्फ	ध्ब	ध्भ	ध्म	ध्य	ध्र	ध्ल	ध्व	ध्श	ध्ष	ध्स	ध्ध
न्	न्ध	न्न	न्प	न्फ	न्ब	न्भ	न्म	न्य	न्र	न्ल	न्व	ञ्श	ञ्ष	न्स	न्ह
प्	प्ध	प्न	प्प	प्फ	प्ब	प्भ	प्म	प्य	प्र	प्ल	प्व	प्श	प्ष	प्स	प्ह
फ्	फ्फ	फ्न	फ्प	फ्फ	फ्ब	फ्भ	फ्म	फ्य	फ्र	फ्ल	फ्ब	फ्श	फ्ष	फ्स	फ्ह
ब्	ब्ध	ब्न	ब्प	ब्फ	ब्ब	ब्भ	ब्म	ब्य	ब्र	ब्ल	ब्व	ब्श	ब्ष	ब्स	भ
भ्	भ्ध	भ्न	भ्प	भ्फ	भ्ब	भ्भ	भ्म	भ्य	भ्र	भ्ल	भ्ब	भ्श	भ्ष	भ्स	भ्ह
म्	म्ध	म्न	म्प	म्फ	म्ब	म्भ	म्म	म्य	म्र	म्ल	म्व	म्श	म्ष	म्स	म्ह
य्	य्ध	य्न	य्प	य्फ	य्ब	य्भ	य्म	य्य	य्र	य्ल	य्व	य्श	य्ष	य्स	य्ह
र्	र्ध	र्न	र्प	र्फ	र्ब	र्भ	र्म	र्य	र्र	र्ल	र्व	र्श	र्ष	र्स	र्ह
ल्	ल्ध	ल्न	ल्प	ल्फ	ल्ब	ल्भ	ल्म	ल्य	ल्र	ल्ल	ल्व	ल्श	ल्ष	ल्स	ल्ह
व्	व्ध	व्न	व्प	व्फ	व्ब	व्भ	व्म	व्य	व्र	व्ल	व्व	व्श	व्ष	व्स	व्ह
श्	श्ध	श्न	श्प	श्फ	श्ब	श्भ	श्म	श्य	श्र	श्ल	श्व	श्श	श्ष	श्स	श्ह
ष्	ष्क	ष्ख	ष्प	ष्फ	ष्ब	ष्भ	ष्म	ष्य	ष्र	ष्ल	ष्व	ष्श	ष्ष	ष्स	ष्थ
स्	स्ध	स्न	स्प	स्फ	स्ब	स्भ	स्म	स्य	स्र	स्ल	स्व	स्श	स्ष	स्स	स्ह
ह्	ह्ध	ह्न	ह्प	ह्फ	ह्ब	ह्भ	ह्म	ह्य	ह्र	ह्ल	ह्व	ह्श	ह्ष	ह्स	ह्ह

Interesting 100 English Words in Devanagari

Rreading Exercise

इंटरेस्टिंग वर्डस	डेड एंड	स्लीपिंग पिल	ग्रीनकार्ड	मॉर्निंग ग्लोरी
आर्किटेक्चर	हेवी ड्यूटी	बर्निंग इशू	पासपोर्ट	गुड मूड
बाँब एक्स्प्लोजन	एक्स्ट्रा स्ट्राँग	आर्मी कमांडर	प्रिस्क्रिप्शन	इंटरसेक्शन
ब्रेनस्टॉर्मिंग	एक्स्प्रेस डिलिवरी	मेडिकल मास्क	प्रोग्रामिंग	वार्म फीलिंग
ओपन हार्ट सर्जरी	हार्ड वर्क	कोरोना इन्फेक्शन	प्रूफरिडिंग	वेस्टर्नर
स्लो ग्रोथ	कोल्ड ड्रिंक	मॉडर्न ट्रेंड	डॉलर्स	ब्लड प्रेशर
स्नो बर्ड	ग्लोवर्म	कम्प्यूटर कीबोर्ड	थंडरबर्ड	टॉप सीक्रेट
थंडरस्टॉर्म	चार्ज शीट	यंग गर्ल	टूथपेस्ट	बोर्ड मीटिंग
स्मार्ट कुकी	डेथ वारंट	यार्डस्टिक	इलेक्ट्रिसिटी	अर्जंट टास्क
थर्ड मॉर्गेज	स्क्रीन प्रिंटिंग	लास्ट विश	रिमोट कंट्रोल	पेमेंट नोटिस
मॉर्निंग ग्लोरी	टेकिंग ओथ	वंडरफुल स्टोरी	वेल्डिंग मशीन	फेंडर बेंडर
बॉर्डर सेक्यूरिटी	ओल्ड ओक ट्री	फूड मार्ट	फर्स्ट मॉर्गेज	विंटर स्पोर्ट
ग्रिटिंग कार्ड	ग्लिटरिंग गोल्ड	हार्डवुड फर्निचर	मंकी रेंच	वीक लिंक
मेट्रो पार्क	जेल वार्डन	ट्रू कलर	सर्कस स्टंट	सक्सेस स्टोरी
बैरकिंग न्यूज	वीक लिंक	टीम मेंबर	एंड गेम	कनेक्शन
स्वीट ड्रीम्स	फर्स्ट इंप्रेशन	मॅजिक ट्रिक	क्विक स्टार्ट	ग्लू स्टिक
ग्रूप हग	लास्ट पर्सन	सेकंड क्लास	एंपोरियम	सोशल डिस्टंसिंग
कोर्ट केस	थर्ड डिग्री बर्न	वेटिंग लिस्ट	थ्रू वे	जेंडर इक्वालिटी
ब्लूप्रिंट	फर्स्ट क्लास	टाइमटेबल	मेंटल केस	क्लीन स्लेट
सर्विस सेंटर	प्लेन ट्रुथ	मेल ऑर्डर	मर्डर चार्ज	नाइस वर्क

LESSON 7

CHILDREN SONGS

रत्नाकर के शिशु गीत

Read the following DEVANAGARI Childrens' songs

1	**माँ**	**Mā̐**	**Mother**
	सबसे प्यारी होती माँ । सबसे न्यारी होती माँ ।। कोई कहता उसको 'अम्मा' । कोई 'मम्मी' कोई 'मामा' ।।	Sab se pyārī hotī mā̐, Sab se nyārī hotī mā̐, Koī kahatā us ko ammā, Koī mummy, koī māmā.	*Mother is most dear of all. Mother is different from all. Some call her Amma, some call Mummy and some call her Mama*
2	**गाय**	**Gāy**	**Cow**
	'गाय हमारी माता है' । इसका जो नर ज्ञाता है ।। पुण्य बहुत वह पाता है । और स्वर्ग में जाता है ।।	Gāy hamārī mātā hai, Is kā jo nar gyātā hai, Puṇya bahut vah pātā hai, Aur swarg me̐ jātā hai.	*Cow is our mother. He who knows this, burns his sins and goes to heaven.*
3	**मंदिर**	**Mandir**	**Temple**
	बहुत पुराना मंदर है । शिव की मूर्ति अंदर है ।। भगत गा रहे सुंदर हैं । गायत्री का मंतर है ।।	Bahut purāna mandar hai, Mūrti Shiva kī andar hai, Bhagat gā rahe sundar hai̐, Gāyatrī kā mantar hai.	*It is an old temple. Inside the temple, there is Shiva's image. The devotees are singing the lovely Gayatri chant.*
4	**लड़का**	**Laḍkā**	**Boy**
	सात साल का मैं हूँ बाल । बाल काले गोरे गाल ।। माँ का प्यारा मैं हूँ लाल । नाम मेरा राधे गोपाल ।।	Sāt sāl kā mai̐ hū̐ bāl, Bāl kāle, gore gāl, Mā̐ kā pyārā mai̐ hū̐ lāl, Nām merā Rādhe-Gopāl.	*I am a seven years old boy. My hair are black and cheeks are fair. I am my mother's dear lad. My name is Radhe-Gopal.*
5	**लड़की**	**Laḍkī**	**Girl**

	सात साल की मैं बाला । नाम मेरा मोती माला ।। हार गले में हीरों वाला । चमकीला है मैंने डाला ।।	Sāt sāl kī maĩ bālā, Nām merā Moti-Mālā, Hār gale mẽ hīrõ wālā, Chamkīlā hai maĩne ḍālā.	*I am a seven year old girl. My name is Moti-mala. I am wearing a shiny diamond necklace.*
6	**गुलाब**	**Gulāb**	**Rose flower**
	लाल गुलाबी सुंदर फूल । डाली के काँटे देते शूल ।। पत्तों पर हो चाहे धूल । फिर भी लगता सबसे 'कूल' ।।	Lāl gulābī sundar phool, Ḍālī ke kā̃ṭe dete shūl, Pattõ par ho chāhe dhūl, Fir bhī lagatā sab se "Cool."	*A beautiful pink-red rose flower, even if there may be thorns on the branch and dust on the leaves, it still is the "Coolest" of all flowersl.*
7	**रेल गाड़ी**	**Tail-gāḍī**	**Train**
	छुक छुक चलती गाड़ी रेल । टन्टन् टन्टन् बज गयी बेल।। देखो देखो आयी मेल । आना जाना उसका खेल ।।	Chhuk chhuk chaltī gāḍī rel, Ṭan ṭan ṭan ṭan baj gayī bel, Dekho dekho āyī mel, Aanā jānā uskā khel.	*The train goes, "chhook chhook!" The bell rings tan-tan tan-tan. Look! the train has come. Coming and going is its every day game.*
8	**घर**	**Ghar**	**House**
	छोटा सा है मेरा घर । फिर भी लगता है सुंदर ।। साफ और सुथरा है अंदर । एक दिन ऊपर था बंदर ।।	Chhotā sā hai merā ghar, Fir bhī lagtā hai sundar, Sāf aur suthrā hai andar, Ek din ūpar thā bandar.	*My house is small. Still it looks nice. It is clean and tidy inside. One day a monkey was sitting ovet it.*
9	**बरफ**	**Baraf**	**Ice, snow**
	बाहर है जब गिरती बरफ । सफेद सफेद चारों तरफ ।। बाहर है जब गिरती बरफ । ठंढा ठंढा चारों तरफ ।।	Bāhar hai jab girtī baraf, Safed safed chārõ taraf, Bāhar hai jab girtī baraf, Ṭhaṇḍā ṭhaṇḍā chārõ taraf.	*When it snows outside, it is white everywhere. When it snows outside, it is cold everywhere.*
10	**टेलीफून**	**Telephūn**	**Telephone**

	टन् टन् घंटी टेलीफोन । हलो! बोल रहा है कौन? ।। मैं हूँ मिस्टर डेवीड जौन । धीमी धीमी मेरी टोन ।।	Ṭan ṭan ghanṭī ṭelīphone, Hello! Bol rahā hai kaun? Maĩ hũ Mister David John, Dhīmī dhīmī merī ṭon.	*Telephone bell is ringing, tan tan. Hello! Who is speaking? I am mister Devid John. My tone is slow.*
11	**मेपल लीफ़**	**Mepal līf**	**Maple Leaf**
	कैनेडा का मेपल लीफ । सारे पत्तों में है चीफ ।। जग में उसकी है तारीफ । रंग लाल से सब वाकिफ ।।	Canaḍā kā Maple leaf, Sāre pattõ mẽ hai chief, Jag mẽ uskī hai tārīf, Raṅg lāl se sab wākif.	*Canada's Maple-leaf, is the cheif of all leaves. The whole world knows it by its red colour, and they love it.*
12	**सिगरेट**	**Sigreṭ**	**Cigarette**
	सिगरेट पीना मना है । कानून ऐसा बना है ।। क्योंकि धोखा घना है । कैंसर का ये तना है ।।	Sigreṭ pīnā manā hai, Kānūn aisā banā hai, Kyõ ki dhokhā ghanā hai, Cancer kā ye tanā hai.	*Smoking is prohibited. It is the rule. Because this weed is dangerous and it causes cancer.*
13	**गाना**	**Gānā**	**Song**
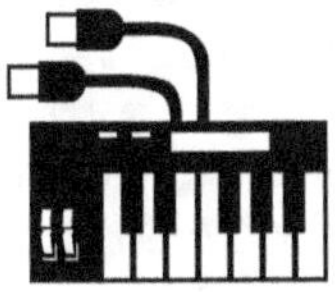	आओ मिलकर गाएँ गाना । सबने गाना जो है जाना ।। मीठा सुर है सबको भाना । उसका आनंद सबने पाना ।।	Aao mil kar gāẽ gānā, Sab ne gānā jo hai jānā, Mīṭhā sur hai sab kao bhānā, Uskā ānand sab ne pānā.	*Come! Let's sing a song, the one that everyone knows. Everyone will love a sweet voice. They will enjoy it.*
14	**कार**	**Kār**	**Car**
	लाल रंग की मेरी कार । पेट्रोल पीती बारंबार ।। दीये दो हैं, चक्के चार । फिरती लेकर सबका भार ।।	Lāl rang kī merī kār, Petrol pītī bārambār, Dīye do haĩ, chakke chār, Firtī le kar sab kā bhār.	*My car is of red colour. It guzzles gas again and again. It has two lamps and four wheels. It runs around carrying everyone.*
15	**मुर्गी, मुर्गा**	**Murgī, Murgā**	**Hen, Rooster**

	कुकडूँ कुकडूँ मुर्गी बोले । तब सवेरे आँखे खोले ।। अंडे पनीर भटूरे छोले । खाकर मन मामू का डोले ।।	Kukdū̐ kukdū̐ murgā bole, Tab savere ā̐khe khole, aṇḍe panīr bhaṭure chhole, Khā kar māmū kā man ḍole.	*When the rooster crows kaaka-doole-doo! then my uncle opens his eyes in the morning. Eating eggs, chees,chhole and bhature, he becomes happy.*
16	**मोर**	**Mor**	**Peacock**
	किहूँऽ किहूँऽ करके शोर । घूम घूम कर नाचे मोर ।। पंख पसारे जिसकी ओर । उसके चित्त का है ये चोर ।।	Kīhū̐ kīhū̐ kar ke shor, ghūm ghūm kar nāche mor, Paṅkha pasāre jiskī or, Us ke chitt kā hai ye chor.	*The peacock makes keehoo keehoo noise and dances turning round and round. He steals people's heart by spreading his wings towards them.*
17	**तोता**	**Totā**	**Parrot**
	मिट्ठू मियाँ तोता हूँ । हरे रंग का होता हूँ ।। डाल डाल पर जाता हूँ । मीठे फल मैं खाता हूँ ।।	Miṭṭhū Miyā totā hū̐, Hare raṅg kā hotā hū̐, Ḍāl ḍal par jātā hū̐, Mīṭhe fal mai̐ khātā hū̐.	*I am a parrot. My name is Mitthu-Miya. I am of green colour. I go from branch to branch and eat the sweet fruits.*
18	**आम**	**Aam**	**Mango**
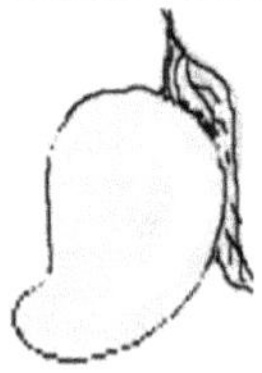	फलों का राजा आम है । भारत उसका धाम है ।। जग में उसका नाम है । ललचाना उसका काम है ।।	Falo̐ kā rājā ām hai. Bhārat us kā dhām hai, Jag me̐ us kā nām hai, Lalchānā us kā kām hai.	*Mango is the king of the fruits. India is its abode. Mango is well known in the whole world. Everyone likes it.*
19	**कुत्ता**	**Kuttā**	**Dog**
	कुत्ते से है डरता चोर । भों भों भों भों करता शोर ।। दाँतों में है उसके जोर । काटके हड्डी ड़ाले तोर ।।	Kutte se hai ḍartā chor, Bho̐ bho̐ bho̐ bho̐ kartā shor, Dā̐to̐ me̐ hai us ke zor, Kāṭke haḍḍī ḍāle toḍ.	*Thief is afraid of a dog. The dog barks bho bho bho bho! His teeth are strong. He can crack your bone with one bite.*
20	**बिल्ली**	**Billī**	**Cat**

	काले रंग की मेरी बिल्ली । उसको अच्छी लगती दिल्ली ।। मोटी मोटी आँखों वाली । बड़े प्यार से मैंने पाली ।।	Kāle rang kī merī billī, Us ko achhī lagtī Dillī, Moṭī moṭī ā̃khō̃ wālī, Baḍe pyār se maĩ ne pālī.	*My cat is black. It loves living in Dehli. It has big eyes. I raised it with great love.*
21	**घोड़ा**	**Ghoḍā**	**Horse**
	भूरे रंग का देखो घोड़ा । भागे ज्यादा, बैठे थोड़ा ।। टप टप करता जब ये दौड़ा । सीना उसका होता चौड़ा ।।	Bhūre rang kā dekho ghoḍā, Bhāge jyādā, baiṭhe thoḍā, Ṭap ṭap kartā jab ye dauḍā, Sīnā uskā hotā chauḍā.	*Look at the gray coloured horse. It runs more and sits less. When he gallops tap tap, his chest grows big with pride.*
22	**शेर**	**Sher**	**Tiger, Lion**
	भागो भागो आया शेर । कोई भी ना करना देर ।। मोटे मोटे उसके पैर । उनके आगे किसकी खैर? ।।	Bhāgo! bhāgo! āyā sher, Koī bhī nā karnā der, Moṭe moṭe uske pair, Un ke āge kis kī khair?	*Run! run! a tiger came. Don't anyone be slow. He has strong paws. No body is safe from him.*
23	**हाथी**	**Hāthī**	**Elephent**
	सबसे भारी होता हाथी । राजाओं का ये है साथी ।। लम्बे लम्बे उसके दाँत । काम में लाए जैसे हाथ ।।	Sab se bhārī hotā hāthī, Rājāō̃ kā ye hai sāthī, Lambe lambe uske dā̃t, Kām mẽ lāye jaise hāth.	*Elephant is the biggest and heaviest of all animals. He is a friend of the kings. He has long teeth, which he uses like his hands.*
24	**माउस**	**Māus**	**Mouse**
	कम्प्यूटर का माउस है । इसके विना न हाउस है ।। बिजली पर ये चलता है । माउस-पैड पर पलता है ।।	Computer kā mouse hai, Us ke binā na Hāus hai, Bijlī par ye chaltā hai, Mouse Pad par ye paltā hai.	*This is a computer mouse. Now-a days, there is no house without it. It runs on electricity and lives on a mouse-pad.*
25	**चोर**	**Chor**	**Thief**

	देखो देखो आया चोर । पकड़ो पकड़ो मच गया शोर ।। छुपा हुआ है उधर की ओर । बांधें उसको लाओ डोर ।।	Dekho dekho āyā chor, Pakḍo pakḍo mach gayā shor, Chhupā huā hai udhar kī or, Bāndhẽ us ko, lāo ḍor.	*Oh! Look, there is a thief. Everyone is shouting, "catch him," "catch him." He is hiding on that side. Bring a rope and let's tie him up.*
26	**मिरची**	**Mirchī**	**Chilli**
	ये मिरची हरी है । तीखेपन से भरी है ।। फिर भी सबको प्यारी है । अजीब सी तरकारी है ।।	Ye mirchī harī hai. Tīkhe-pan se bharī hai, Fir bhī sab ko pyārī hai, Ajīb sī tarkārī hai.	*This chilli is green. It is very hot. Even though it is very hot, people love it. My goodness! it is a strange vegetable.*
27	**किताब**	**Kitāb**	**Book**
	बच्चों रखना ध्यान है । किताब देती ज्ञान है ।। ज्ञान से मिलता मान है । जिसमें सच्ची शान है ।।	Bachchõ rakhnā dhyān hai, Kitāb detī gyān hai, Gyān se miltā mān hai, Jis me scchchī shān hai.	*Children! remember, the book gives you knowledge. The knowledge gives you respect. With respect comes honour.*
28	**जन्म दिन**	**Janma-din**	**Birthday**
	जनम दिन फिर आया है । हर कोई तोहफा लाया है ।। 'हैपी बर्थ डे' भी गाया है । सब कुछ मन को भाया है ।।	Janam din fir āyā hai, Har koī tohfā lāyā hai, "Happy Birthday" bhī gāyā hai, Sab kuchh man ko bhāyā hai.	*Birthday has come again. Everyone brought a gift. They sang "Happy Birth Day to You." Everything pleased my mind.*
29	**चिठ्ठी**	**Chiṭhṭhī**	**Letter**
	राम की चिठ्ठी आयी है । खुश खबरी ये लायी है ।। लिखा है कल सगाई है । सुंदर मिली लुगाई है ।।	Rām kī chiṭṭhī āyī hai, Khush khabrī ye lāyī hai, Likhā hai kal sagāī hai, Sundar milī lugāī hai.	*Ram's letter has come. It has brought a good news. It says tomorrow is his wedding. He got a beautiful bride.*
30	**ताला**	**MTālā**	**Lock**

	ये जो दिखता काला है । गोल आकार का ताला है ।। बिना चाबी से खुला है । क्योंकि नंबर वाला है ।।	Ye jo dikhtā kālā hai, Gol ākār kā tālā hai, Binā chābī se khulā hai, Kyo̐ kī number wālā hai.	*The thing in black colour in this picture is a lock. It is round in shape. It opens without a key, because it is a number lock.*
31	**सूरज**	**Sūraj**	**Sun**
	सूरज दिन का तारा है । तेज किरण की धारा है ।। चमकाता जग सारा है । जीवन दाता न्यारा है ।।	Sūraj din kā tārā hai, Tez kiraṇ kī dhārā hai, Chamkātā jag sārā hai, Jīvan dātā nyārā hai.	*The Sun is the star of the day-time. It's light is a flow of bright powerful rays. It shines the whole world. It is a unique life giver.*
32	**वर्षा, बारिश**	**Varshā, bārish**	**Rain**
	वर्षा नभ से गिरती है । नदियों में जल भरती है ।। हरी रंगाती धरती है । जीवन सुखमय करती है ।।	Varṣhā nabh se girtī hai, Nadiyao̐ me̐ jal bhartī hai, Harī raṅgātī dhartī hai, Jīvan sukh-may kartī hai.	*Rain falls from the sky. It fills up the rivers. It paints the earth green with vegetation, and fills life with happiness.*
33	**चाँद**	**Chā̐nd**	**Moon**
	चाँद रात में आता है । समय सुहाना लाता है ।। सबका दिल बहलाता है । सबके मन को भाता है ।।	Chānd gagan me̐ ātā hai, Samay suhānā lātā hai, Sab kā dil bahalātā hai, Sab ke man ko bhātā hai.	*Moon shines at night. It brings a pleasent time. It amuses everyone's mind. Everyone likes it.*
34	**बच्चा**	**Bachachā**	**Baby**
	मुन्ना राजा सोया है । सारी रात ये रोया है ।। कंबल में लिपटा होया है । अब सपनों में खोया है ।।	Munnā rājā soyā hai, Sārī rāt ye royā hai, Kambal me̐ lipṭā hoyā hai, Ab sapno̐ me̐ khoyā hai.	*The baby is sleeping. He cried all night. Now he is wrapped up in a blanket and he is lost in his sweet dreams.*
35	**परछाई**	**Parachhāī**	**Shadow**

	उंगलियाँ यूं लगाई हैं । तसवीर फिर बनाई है ।। ये केवल परछाई है । सबके मन को भाई है ।।	Ungliyā̃ yū̃ lagāī haĩ, Tasvīr fir banāī hai, Ye keval parchhāī hai, Sab ke man ko bhāī hai.	*Fingers are arranged in such a fashion, that they formed a figure on the wall. It is only a shadow, but it pleased everyone.*
36	**जादू**	**Jadū**	**Magic**
	देखो हाथ सफाई है । ये जादू का भाई है ।। कला ये जिसने पाई है । उसने जनता बहलाई है ।।	Dekho hāth safāī hai, Ye jādū kā bhāī hai, Kalā ye jisne pāyī hai, Usne janatā bahalāyī hai.	*See this hand tric. It is a younger brother of a magic. One who has learned this art, he has entertained people.*
37	**मछली**	**Machalī**	**Fish**
	मछली लाल पीली है । धारें उस पर नीली हैं ।। गोल आँखें काली है । जल में रहने वाली है ।।	Machhalī lāl pīlī hai, Dharẽ us par nīlī haĩ, Gol ā̃khẽ kālī haĩ, Jal mẽ rahane wālī hai.	*This fish is red and yellow. It has blue stripes over it. It's eyes are round and black. The fish lives in water.*
38	**आँख**	**ā̃nkh**	**Eye**
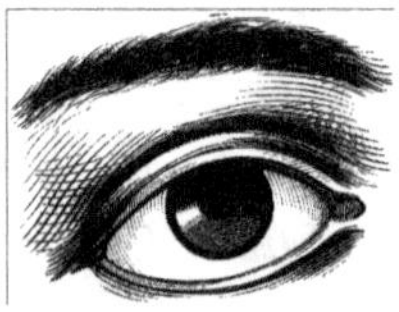	आंखे हमको देकर दृष्टि । दिखलाती हैं सारी सृष्टि ।। जल हिम फूलों की वृष्टि । देखो देती मन को तुष्टि ।।	Aā̃nkhẽ ham ko detī drịṣḥṭi, Dikhalātī hai sārī srịṣḥṭi, Jal, him, fūlõ kī vrịṣḥṭi, Dekho man ko detī tuṣḥṭi.	*Eyes give us vision, They show us the whole universe. They show us the showers of rain, snow and flowers, And give happiness to our mind.*
39	**तितली**	**Titlī**	**Butterfly**
	फूल पर बैठी तितली है । टांगे उसकी पतली हैं ।। रंग बिरंगों वाली है । आंखे उसकी काली हैं ।।	Fūl par baiṭhī titlī hai, Ṭā̃ngẽ us kī patlī haĩ, Rang birangõ wālī hai, Aā̃nkhẽ uskī kālī haĩ.	*Butterfly is sitting on a flower. It has skiny legs. It is colourful. It's eyes are black.*

LESSON 8

INTRODUCTION TO SANDHI

COMPOUNDING OF VOWELS

स्वर संधि

RULE : When any two vowels come together, they are compounded into one single long vowel with the rules, shown in short, as follows :

	1st vowel	+	2nd vowel	= the Result
1	अ, आ	+	अ, आ	आ
	अ, आ	+	इ, ई	ए
	अ, आ	+	उ, ऊ	ओ
	अ, आ	+	ऋ	अर्
	अ, आ	+	ए, ऐ	ऐ
	अ, आ	+	ओ, औ	औ
2	इ, ई	+	अ, आ, उ, ऊ, ए, ऐ, ओ, औ	य, या, यु, यू, ये, यै, यो, यौ
	इ, ई	+	इ, ई	ई, ई
3	उ, ऊ	+	अ, आ, इ, ई, ए, ऐ, ओ, औ	व, वा, वि, वी, वे, वै, वो, वौ
	उ, ऊ	+	उ, ऊ	ऊ, ऊ
4	ए	+	अ,आ,इ,ई,उ,ऊ,ए,ऐ,ओ,औ	अय् + अ, आ, इ....औ
5	ऐ	+	अ,आ,इ,ई,उ,ऊ,ए,ऐ,ओ,औ	आय् + अ,आ,इ,ई,उ,ऊ,ए,ऐ,ओ,औ
	ओ	+	अ,आ,इ,ई,उ,ऊ,ए,ऐ,ओ,औ	अव् + अ,आ,इ,ई,उ,ऊ,ए,ऐ,ओ,औ
	औ	+	अ,आ,इ,ई,उ,ऊ,ए,ऐ,ओ,औ	आव् + अ,आ,इ,ई,उ,ऊ,ए,ऐ,ओ,औ

VOWEL SANDHI EXAMPLES

	Vowel	+ Vowel	=	Result	e.g. 1st word		+	2nd word		=	Result
1.	अ	+ अ	=	आ	वात	(अ)	+	(अ)	अयनम्	=	वातायनम्
2.	अ	+ आ	=	आ	हिम	(अ)	+	(आ)	आलय:	=	हिमालय:
3.	अ	+ इ	=	ए	देव	(अ)	+	(इ)	इन्द्र:	=	देवेन्द्र:
4.	अ	+ ई	=	ए	परम	(अ)	+	(ई)	ईश्वर:	=	परमेश्वर:
5.	अ	+ उ	=	ओ	चन्द्र	(अ)	+	(उ)	उदय:	=	चन्द्रोदय:
6.	अ	+ ऊ	=	ओ	प्र	(अ)	+	(ऊ)	ऊढ:	=	प्रौढ:
7.	अ	+ ऋ	=	अर्	उत्तम	(अ)	+	(ऋ)	ऋतु:	=	उत्तमर्तु:
8.	अ	+ ऌ	=	अल्	तव	(अ)	+	(ऌ)	ऌकार:	=	तवल्कार:
9.	अ	+ ए	=	ऐ	एक	(अ)	+	(ए)	एकम्	=	एकैकम्
10.	अ	+ ऐ	=	ऐ	देव	(अ)	+	(ऐ)	ऐश्वर्यम्	=	देवैश्वर्यम्
11.	अ	+ ओ	=	औ	जल	(अ)	+	(ओ)	ओघ:	=	जलौघ:
12.	अ	+ औ	=	औ	जन	(अ)	+	(औ)	औदार्यम्	=	जनौदार्यम्
13.	आ	+ अ	=	आ	विद्या	(आ)	+	(अ)	अर्थी	=	विद्यार्थी
14.	आ	+ आ	=	आ	विद्या	(आ)	+	(आ)	आलयम्	=	विद्यालयम्
15.	आ	+ इ	=	ए	यथा	(आ)	+	(इ)	इच्छा	=	यथेच्छा
16.	आ	+ ई	=	ए	रमा	(आ)	+	(ई)	ईश:	=	रमेश:
17.	आ	+ उ	=	ओ	महा	(आ)	+	(उ)	उत्सव:	=	महोत्सव:
18.	आ	+ ऊ	=	ओ	महा	(आ)	+	(ऊ)	ऊरु:	=	महोरु:
19.	आ	+ ऋ	=	अर्	महा	(आ)	+	(ऋ)	ऋषि:	=	महर्षि:
20.	आ	+ ए	=	ऐ	सदा	(आ)	+	(ए)	एव	=	सदैव
21.	आ	+ ऐ	=	ऐ	प्रजा	(आ)	+	(ऐ)	ऐक्यम्	=	प्रजैक्यम्
22.	आ	+ ओ	=	औ	गंगा	(आ)	+	(ओ)	ओघ:	=	गंगौघ:
23.	आ	+ औ	=	औ	विद्या	(आ)	+	(औ)	औत्सुक्यम्	=	विद्यौत्सुक्यम्
24.	इ	+ अ	=	य	यदि	(इ)	+	(अ)	अपि	=	यद्यपि
25.	इ	+ आ	=	या	इति	(इ)	+	(आ)	आदि	=	इत्यादि
26.	इ	+ इ	=	ई	रवि	(इ)	+	(इ)	इन्द्र:	=	रवीन्द्र:
27.	इ	+ ई	=	ई	कवि	(इ)	+	(ई)	ईश्वर:	=	कविश्वर:
28.	इ	+ उ	=	यु	अति	(इ)	+	(उ)	उत्तमम्	=	अत्युत्तमम्
29.	इ	+ ऊ	=	यू	प्रति	(इ)	+	(ऊ)	ऊह:	=	प्रत्यूह:
30.	इ	+ ऋ	=	युर्	अति	(इ)	+	(ऋ)	ऋद्धि:	=	अत्युर्द्धि:

31.	इ	+ ए	= ये	प्रति	(इ)	+	(ए)	एकम्	= प्रत्येकम्
32.	इ	+ ऐ	= यै	प्रति	(इ)	+	(ऐ)	ऐरावतम्	= प्रत्यैरावतम्
33.	इ	+ ओ	= यो	दधि	(इ)	+	(ओ)	ओदनम्	= दध्योदनम्
34.	इ	+ औ	= यौ	दधि	(इ)	+	(औ)	औषधम्	= दध्यौषधम्
35.	ई	+ अ	= य	नदी	(ई)	+	(अ)	अम्बु	= नद्यम्बु
36.	ई	+ आ	= या	देवी	(ई)	+	(आ)	आज्ञा	= देव्याज्ञा
37.	ई	+ इ	= ई	जननी	(ई)	+	(इ)	इच्छा	= जननीच्छा
38.	ई	+ ई	= ई	काली	(ई)	+	(ई)	ईश्वरी	= कालीश्वरी
39.	ई	+ उ	= यु	सुधी	(ई)	+	(उ)	उपास्य:	= सुध्युपास्य:
40.	ई	+ ऊ	= यू	अवी	(ई)	+	(ऊ)	ऊर्णा	= अव्यूर्णा
41.	ई	+ ऋ	= युर्	महती	(ई)	+	(ऋ)	ऋक्षी	= महत्यृक्षी
42.	ई	+ ए	= ये	गोपी	(ई)	+	(ए)	एषा	= गोप्येषा
43.	ई	+ ऐ	= यै	गौरी	(ई)	+	(ऐ)	ऐश्वर्यम्	= गौर्यैश्वर्यम्
44.	ई	+ ओ	= यो	नारी	(ई)	+	(ओ)	औत्कर्षम्	= नार्योत्कर्षम्
45.	ई	+ औ	= यौ	वाणी	(ई)	+	(औ)	औचित्यम्	= वाण्यौचित्यम्
46.	उ	+ अ	= व	मनु	(उ)	+	(अ)	अन्तरम्	= मन्वन्तरम्
47.	उ	+ आ	= व	गुरु	(उ)	+	(आ)	आदेश:	= गुर्वादेश:
48.	उ	+ इ	= वि	तु	(उ)	+	(इ)	इदानीम्	= त्विदानीम्
49.	उ	+ ई	= वी	ऋतु	(उ)	+	(ई)	ईश्वर:	= ऋत्वीश्वर:
50.	उ	+ उ	= ऊ	गुरु	(उ)	+	(उ)	उपदेश:	= गुरूपदेश:
51.	उ	+ ऊ	= ऊ	चमू	(उ)	+	(ऊ)	ऊहिनी	= चमूहिनी
52.	उ	+ ऋ	= वृ	मधु	(उ)	+	(ऋ)	ऋते	= मध्वृते
53.	उ	+ ए	= वे	अनु	(उ)	+	(ए)	एषणम्	= अन्वेषणम्
54.	उ	+ ऐ	= वै	साधु	(उ)	+	(ऐ)	ऐक्यम्	= साध्वैक्यम्
55.	उ	+ ओ	= वो	गुरु	(उ)	+	(ओ)	ओज:	= गुर्वोज:
56.	उ	+ औ	= वौ	मधु	(उ)	+	(औ)	औषधि:	= मध्वौषधि:
57.	ऊ	+ अ	= व	शरयू	(ऊ)	+	(अ)	अम्बु	= शरय्वम्बु
58.	ऊ	+ आ	= व	अमू	(ऊ)	+	(आ)	आसते	= अम्वासते
59.	ऊ	+ इ	= वि	बन्धू	(ऊ)	+	(इ)	इमौ	= बन्ध्विमौ
60.	ऊ	+ ई	= वी	वधू	(ऊ)	+	(ई)	ईक्षणम्	= वध्वीक्षणम्
61.	ऊ	+ उ	= ऊ	वधू	(ऊ)	+	(उ)	उत्सव:	= वधूत्सव:
62.	ऊ	+ ऊ	= ऊ	वधू	(ऊ)	+	(ऊ)	ऊहा	= वधूहा
63.	ऊ	+ ऋ	= वृ	वधू	(ऊ)	+	(ऋ)	ऋक्थम्	= वध्वृक्थम्

64. ऊ	+ ए	= वे	क्ण्डू	(ऊ)	+	(ए)	एषणा	= कण्ड्वेषणा
65. ऊ	+ ऐ	= वै	वधू	(ऊ)	+	(ऐ)	ऐश्वर्यम्	= वध्वैश्वर्यम्
66. ऊ	+ ओ	= वो	वधू	(ऊ)	+	(ओ)	ओक:	= वध्वोक:
67. ऊ	+ औ	= वौ	यवागू	(ऊ)	+	(औ)	औष्ण्यम्	= यवाग्वौष्ण्यम्
68. ऋ	+ अ	= र	मातृ	(ऋ)	+	(अ)	अंश:	= मात्रंश:
69. ऋ	+ आ	= रा	पितृ	(ऋ)	+	(आ)	आदेश:	= पित्रादेश:
70. ऋ	+ इ	= रि	भ्रातृ	(ऋ)	+	(इ)	इच्छा	= भ्रात्रिच्छा
71. ऋ	+ ई	= री	सवितृ	(ऋ)	+	(ई)	ईश:	= सवित्रीश:
72. ऋ	+ उ	= रु	कर्तृ	(ऋ)	+	(उ)	उत्तम:	= कर्त्रुत्तम:
73. ऋ	+ ऊ	= रू	नप्तृ	(ऋ)	+	(ऊ)	ऊढा	= नप्त्रूढा
74. ऋ	+ ऋ	= ॠ	धातृ	(ऋ)	+	(ऋ)	ऋणम्	= धातॄणम्
75. ऋ	+ ए	= रे	गन्तृ	(ऋ)	+	(ए)	एध:	= गन्त्रेध:
76. ऋ	+ ऐ	= रै	नेतृ	(ऋ)	+	(ऐ)	ऐश्वर्यम्	= नेत्रैश्वर्यम्
77. ऋ	+ ओ	= रो	वक्तृ	(ऋ)	+	(ओ)	ओज:	= वक्त्रोज:
78. ऋ	+ औ	= रौ	भर्तृ	(ऋ)	+	(औ)	औदार्यम्	= भर्त्रौदार्यम्
79. ए	+ अ	= अय	ने	(ए)	+	(अ)	अनम्	= नयनम्
80. ए	+ आ	= अया	ते	(ए)	+	(आ)	आगता:	= तयागता:
81. ए	+ इ	= अयि	शे	(ए)	+	(इ)	इत:	= शयित:
82. ए	+ ई	= अयी	ते	(ए)	+	(ई)	ईर्षा	= तयीर्षा
83. ए	+ उ	= अयु	मे	(ए)	+	(उ)	उपदेश:	= मयुपदेश:
84. ए	+ ऊ	= अयू	ये	(ए)	+	(ऊ)	ऊहन्ते	= ययूहन्ते
85. ए	+ ऋ	= अयुर्	के	(ए)	+	(ऋ)	ऋच्छन्ति	= कयुर्छन्ति
86. ए	+ ए	= अये	ते	(ए)	+	(ए)	एते	= तयेते
87. ए	+ ऐ	= अयै	ते	(ए)	+	(ऐ)	ऐश्वर्यम्	= तयैश्वर्यम्
88. ए	+ ओ	= अयो	गृहे	(ए)	+	(ओ)	ओकण:	= गृहयोकण:
89. ए	+ औ	= अयौ	ते	(ए)	+	(औ)	औषधि:	= तयौषधि:
90. ऐ	+ अ	= आय	गै	(ऐ)	+	(अ)	अनम्	= गायनम्
91. ऐ	+ आ	= आया	तस्मै	(ऐ)	+	(आ)	आदेश:	= तस्मायादेश:
92. ऐ	+ इ	= आयि	एतस्मै	(ऐ)	+	(इ)	इमानि	= एतस्मायिमानि
93. ऐ	+ ई	= आयी	स्त्रियै	(ऐ)	+	(ई)	ईडा	= स्त्रियायीडा
94. ऐ	+ उ	= आयु	श्रियै	(ऐ)	+	(उ)	उद्यत:	= श्रियायुद्यत:
95. ऐ	+ ऊ	= आयू	कस्मै	(ऐ)	+	(ऊ)	ऊर्ज:	= कस्मायूर्ज:

96.	ऐ	+ ऋ	= आयुर्	यस्मै	(ऐ)	+	(ऋ)	ऋणम्	=	यस्मायुर्णम्
97.	ऐ	+ ए	= आये	एतस्मै	(ऐ)	+	(ए)	एवम्	=	एतस्मायेवम्
98.	ऐ	+ ऐ	= आयै	कस्मै	(ऐ)	+	(ऐ)	ऐश्वर्यम्	=	कस्मायैश्वर्यम्
99.	ऐ	+ ओ	= आयो	कस्यै	(ऐ)	+	(ओ)	ओजः	=	कस्यायोजः
100.	ऐ	+ औ	= आयौ	अस्यै	(ऐ)	+	(औ)	औचित्यम्	=	अस्यायौचित्यम्
101.	ओ	+ अ	= अव	यो	(ओ)	+	(अ)	अयनम्	=	यवनम्
102.	ओ	+ आ	= अवा	साधो	(ओ)	+	(आ)	आगच्छ	=	साधवागच्छ
103.	ओ	+ इ	= अवि	विष्णो	(ओ)	+	(इ)	इति	=	विष्णविति
104.	ओ	+ ई	= अवी	गो	(ओ)	+	(ई)	ईश्वरः	=	गवीश्वरः
105.	ओ	+ उ	= अवु	नो	(ओ)	+	(उ)	उद्योगः	=	नवुद्योगः
106.	ओ	+ ऊ	= अवू	गुरो	(ओ)	+	(ऊ)	ऊनयतु	=	गुरवुनयतु
107.	ओ	+ ऋ	= अवुर्	विष्णो	(ओ)	+	(ऋ)	ऋच्छतु	=	विष्णवुर्च्छतु
108.	ओ	+ ए	= अवे	गो	(ओ)	+	(ए)	एषणा	=	गवेषणा
109.	ओ	+ ऐ	= अवै	भानो	(ओ)	+	(ऐ)	ऐशानीम्	=	भानवैशानीम्
110.	ओ	+ ओ	= अवो	गो	(ओ)	+	(ओ)	ओकस्	=	गवोकस्
111.	ओ	+ औ	= अवौ	मधो	(ओ)	+	(औ)	औखतु	=	मधवौखतु
112.	औ	+ अ	= आव	पौ	(औ)	+	(अ)	अनः	=	पावनः
113.	औ	+ आ	= आवा	रात्रौ	(औ)	+	(आ)	आगतः	=	रात्रावागतः
114.	औ	+ इ	= आवि	पुत्रौ	(औ)	+	(इ)	इमौ	=	पुत्राविमौ
115.	औ	+ ई	= आवी	तौ	(औ)	+	(ई)	ईश्वरौ	=	तावीश्वरौ
116.	औ	+ उ	= आवु	गुरौ	(औ)	+	(उ)	उक्तः	=	गुरावुक्तः
117.	औ	+ ऊ	= आवू	रुग्णौ	(औ)	+	(ऊ)	ऊर्जयतु	=	रुग्णावूर्जयतु
118.	औ	+ ऋ	= आवुर्	तौ	(औ)	+	(ऋ)	ऋषी	=	तावुर्षी
119.	औ	+ ए	= आवे	कौ	(औ)	+	(ए)	एतौ	=	कावेतौ
120.	औ	+ ऐ	= आवै	द्वौ	(औ)	+	(ऐ)	ऐतिहासिकौ	=	द्वावैतिहासिकौ
121.	औ	+ ओ	= आवो	एतौ	(औ)	+	(ओ)	ओकसी	=	एतावोकसी
122.	औ	+ औ	= आवौ	नौ	(औ)	+	(औ)	औ	=	नावौ

LESSON 9

9.1 INTRODUCTION TO THE DEVANAGARI NUMERALS

हिंदी अंक

0	shūnya	०	शून्य		
1	ek	१	एक	🕮	One book. *ek kitāb* एक किताब ।
2	do	२	दो	🕮 🕮	Two books. *dok kitābẽ* दो किताबें ।
3	tīn	३	तीन	🕮 🕮 🕮	Three books. *tīn kitābẽ* तीन किताबें ।
4	chār	४	चार	🕮 🕮 🕮 🕮	
5	pāñch	५	पाँच	🕮 🕮 🕮 🕮 🕮	
6	chhah	६	छह	🕮 🕮 🕮 🕮 🕮 🕮	
7	sāt	७	सात	🕮 🕮 🕮 🕮 🕮 🕮 🕮	
8	āṭh	८	आठ	🕮 🕮 🕮 🕮 🕮 🕮 🕮 🕮	
9	nau	९	नौ	🕮 🕮 🕮 🕮 🕮 🕮 🕮 🕮 🕮	
10	das	१०	दस	🕮 🕮 🕮 🕮 🕮 🕮 🕮 🕮 🕮 🕮	

EXERCISE :

(1) Read the numbers in Sanskrit:

1 7 9 4 0 3 2 8 5 6

(2) Read the following Sanskritnumerals :

७ ४ १ ९ ६ ० ५ ३ ८ २

(3) Read and Write the following Sanskritnumerals :

चार, सात, नौ, एक, शून्य, छह, आठ, पाँच, दो, दस

10.2 COUNTING TO ONE HUNDRED

11 gyārah	ग्यारह	**12** bārah	बारह	**57** sattāvan	सत्तावन	**58** aṭṭhāvan	अट्ठावन
13 terah	तेरह	**14** chaudah	चौदह	**59** unasaṭh	उनसठ	**60** sāṭh	साठ
15 pandrah	पंद्रह	**16** solah	सोलह	**61** ikasaṭh	इकसठ	**62** bāsaṭh	बासठ
17 satrah	सत्रह	**18** aṭhārah	अठारह	**63** tresaṭh	त्रेसठ	**64** chauṅsaṭh	चौंसठ
19 unnīs	उन्नीस	**20** bīs	बीस	**65** paiṅsaṭh	पैंसठ	**66** chhiyāsaṭh	छियासठ
21 ikkīs	इक्कीस	**22** bāīs	बाईस	**67** saḍasaṭh	सड़सठ	**68** aḍasaṭh	अड़सठ
23 teīs	तेईस	**24** chaubīs	चौबीस	**69** unahattar	उनहत्तर	**70** sattar	सत्तर
25 pachchīs	पच्चीस	**26** chhabbīs	छब्बीस	**71** ikahattar	इकहत्तर	**72** bahattar	बहत्तर
27 sattāīs	सत्ताईस	**28** aṭṭhāīs	अट्ठाईस	**73** tihattar	तिहत्तर	**74** chauhattar	चौहत्तर
29 unatīs	उनतीस	**30** tīs	तीस	**75** pachahattar	पचहत्तर	**76** chhihattar	छिहत्तर
31 ikatīs	इकतीस	**32** battīs	बत्तीस	**77** satahattar	सतहत्तर	**78** aṭhahattar	अठहत्तर
33 taĩtīs	तैंतीस	**34** chaũtīs	चौंतीस	**79** unyāsī	उन्यासी	**80** assī	अस्सी
35 paĩtīs	पैंतीस	**36** chhattīs	छत्तीस	**81** ikyāsī	इक्यासी	**82** bayāsī	बयासी
37 saintīs	सैंतीस	**38** aṭhattīs	अठत्तीस	**83** tirāsī	तिरासी	**84** chaurāsī	चौरासी
39 untālīs	उनतालीस	**40** chālīs	चालीस	**85** pachāsī	पचासी	**86** chhiyāsī	छियासी
41 iktālīs	इकतालीस	**42** bayālīs	बयालीस	**87** sattāsī	सत्तासी	**88** aṭṭhāsī	अट्ठासी
43 taiṅtālīs	तैंतालीस	**44** chauvālīs	चौवालीस	**89** nāvāsī	नवासी	**90** nabbe	नब्बे
45 paĩtālīs	पैंतालीस	**46** chhiyālīs	छियालीस	**91** ikyānabe	इक्यानबे	**92** bānabe	बानबे
47 saĩtālīs	सैंतालीस	**48** aḍatālīs	अड़तालीस	**93** tirānabe	तिरानबे	**94** chaurānabe	चौरानबे
49 unachās	उनचास	**50** pachās	पचास	**95** pañchānabe	पन्चानबे	**96** chhiyānabe	छियानबे
51 ikyāvan	इक्यावन	**52** bāvan	बावन	**97** sattānabe	सत्तानबे	**98** aṭṭhānabe	अट्ठानबे
53 trepan	त्रेपन	**54** chauwan	चौवन	**99** ninyānabe	निन्यानबे	**100** sau	सौ
55 pachapan	पचपन	**56** chhappan	छप्पन				

DEVANAGARI ASTRONOMICAL NUMBERS:

1,000 हज़ार hazār. **100,000** लाख lākh. **10,000,000** करोड़ karoḍ. **1000,000,000** अरब arab. **100,000,000,000** खरब kharab. **10,000,000,000,000** शंख shankh. **1000,000,000,000,000** नीलम nīlam. **100,000,000,000,000,000** पदम padam.

DEVANAGARI FRACTIONS (Hindi) : **1/4** चौथाई chauthāī. **1/3** तिहाई tihāī. **1/2** आधा ādhā, **3/4** पौना paunā. **1¼** सवा savā. **1½** डेढ ḍeḍh. **1¾** पौने दो paune do. **2½** ढाई ḍhāī. **3½** साढ़े तीन sāḍhe tīn ... etc.

HINDI NUMERALS FROM 0 to 99

	0	1	2	3	4	5	6	7	8	9
0	०	१	२	३	४	५	६	७	८	९
1	१०	११	१२	१३	१४	१५	१६	१७	१८	१९
2	२०	२१	२२	२३	२४	२५	२६	२७	२८	२९
3	३०	३१	३२	३३	३४	३५	३६	३७	३८	३९
4	४०	४१	४२	४३	४४	४५	४६	४७	४८	४९
5	५०	५१	५२	५३	५४	५५	५६	५७	५८	५९
6	६०	६१	६२	६३	६४	६५	६६	६७	६८	६९
7	७०	७१	७२	७३	७४	७५	७६	७७	७८	७९
8	८०	८१	८२	८३	८४	८५	८६	८७	८८	८९
9	९०	९१	९२	९३	९४	९५	९६	९७	९८	९९

10.3 SIGNIFICANCE OF DEVANAGARI NUMERALS

1 to 10

1. Ekdant एकदंत (Ganesha), एकलिंग Eklinga (Shiva), एकाक्ष Ekākṣha (crow)
2. Dvandva द्वंद्व (duality), Dvija द्विज (twice-born), द्विजिह्व Dvijihva (snake)
3. Trikāla त्रिकाल (Past, present, future), त्रिलोक Triloka (Heaven, earth, hell), त्रैविद्या Traividyā (Rig, Sāma, Atharva Veda), त्रिमूर्ति Trimūrti (Brahma, Vishṇu, Mahesha), त्रिलिंग Trilinga (Masculine, feminine, neuter), त्रिगुण Triguṇa (sat, rajs, tamas), त्रिदेवी Tridevī (Lakshmī, Parvatī, Sarasvatī), त्रिफला Triphalā (ā̃valā, Harḍā, baheḍā), मुनित्रय Munitraya (Nārad, Pāṇini, Patañjali), कवित्रय Kavitraya (Vālmīki, Vyāsa, Tulsī),
4. चतुरानन Chaturānana (Brahmā), चतुराश्रम Chaturāshram (Bharmacharya, Grihastha, Vānaprastha, Sanyāsa), चतुर्दिशा Chaturdishā (uttar North, pūrva East, dakshiṇa, South, paschima West), चतुरोपदिशा Chaturopadishā (īshana NE, āgneya SE, nairutya SW, vāyavya NW), चतुर्वेद Chaturveda (Rig, Sāma, Yajus, Atharva), चतुर्तंत्र Chaturtantra (sāma, dāma, daṇḍa, bheda), चतुष्पुरुषार्थ Chatus-Puruṣhārtha (Dharma, artha, kāma, moksha), चतुर्वर्ण Chaturvarṇa (Brahmaṇa, Kshatruya, Vaishya, Shūdra), चतुर्युग Chaturyuga (Sat, tretā, dvāpar, kalī yug), चार महावाक्य Chār Mahāvākya (अहं ब्रह्मास्मि, तत्त्वमसि, अयमात्मा ब्रह्म, प्रज्ञानं ब्रह्म)
5. पँच-पाँडव Pancha-Pāndava (Yudhishṭhir, Bhīma, Arjuna, Nakula, Sahadeva), पँच-भूत Panchabhūta (Earth, Water, Fire, Air, Sky), पँच-तन्मात्रा Pancha-tanmātrā (Speech, Touch, Smell, Taste, Vision), पँचायुध Panchāyudha (Shankha, Chakra, Gadā, Khadga, Dhanusha), पँच-मित्र Five friends (Ahimsā, Satya, Asteya, Brahmacharya, Aparigraha), पँच-शत्रु Five enemies (Kāma, Krodha, Lobha, Moha, Ahaṁkara), पँचेन्द्रिय Panchendriya (Ears, Skin,

Eyes, Tongue, Nose), पँचक्षेत्र Pancha-kshetra (Haridwār, Prayāg, Gayā, Kurukshetra, Naimisharanya), पँच-धाम Panchadhama (Mathura, Kashi, Ayodhya, Dwārkā, Haridwār), पँचनदी Panchanadī (Gangā, Yamunā, Sarasvatī, Godāvarī, Krishṇa), पँच-धातु Panchadhātu (Gold, Silver, Copper, Lead, Tin)

6. षड्-ऋतु Six seasons (Vasant, Grishma, Varsha, Sharad, Hemant, Shishir), षड्-समास Six Samāsa (Tatpurusha, Karmadharaya, Bahuvrīhi, Dvigu, Dvandva, Avyayībhāva)

7. सप्त-सुर Sapat-sur (Sā, Re, ga, Ma, Pa, Dha, Ni), सप्त-दिन Seven days (Soma, Mangala, Budh, Brahaspati, Shukra, Shani, Ravi-vār), सप्तर्षि Saptarṣhi (Marīchi, Atri, Angirā, Pulastya, Kratu, Vasiṣhṭha, Pulaha)

8. अष्ट-कारक Aṣṭakārak (Kartā, Karma, Karaṇa, Sampradāna, Apadāna, Sambandha, Adhikaraṇa, Sambodhana), अष्ट-गण Aṣṭa-gaṇa (छंद गण ya **001**, ma **111**, ta **110**, r **101**, ja **010**, bha **100**, na **000**, sa **001**), अष्ट-पाद Aṣṭapād (Spider)

9. नव-ग्रह Navagraha (Surya, Chandra, Mangala, Budha, Guru, Shukra, Shani, Rāhu, Ketu), नवरत्न Navaratna (Hirā, Mūṅgā, Motī, Lahsuniyā, Gomed, Pannā, Maṇik, Nīlam, Pukharāj), नवगुण Nava-guṇa (Shama, Dama, Tap, Shaucha, Shānti, Aarjava, Gyāna, Vigyāna, Aastikya), नवशिल्पी Nava-shilpī (Florist, Carpenter, Jewler, Weaver, Potter, Tailor, Painter, Sculptor, Actor), नवरस Nava-rasa (Karuṇa, Raudra, Shringār, Adbhuta, Vīra, Hasya, Vibhatsa, Bhaya, Shānta)

10. दशांकमूल Ankamūla (**0**, **1**, **2**, **3**, **4**, **5**, **6**, **7**, **8**, **9**), दशावतार Dashāvatāra (Maatsya, Kurma, Varāha, Nrisimha, Vāmana, Parshurāma, Rāma, Krishṇa, Buddha, Kalki), दशरथ Dasharatha (Rama's father), दशमुख Dashamukha (Ravaṇa).

LESSON 10

HINDI PICTORIAL DICTIONARY - READ THE DEVANAGARI WORDS

f◦ Woman
nārī नारी

m◦ child
bālak बालक

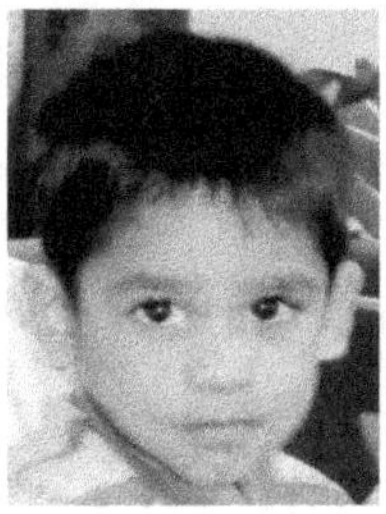
m◦ Face
cheharā चेहरा

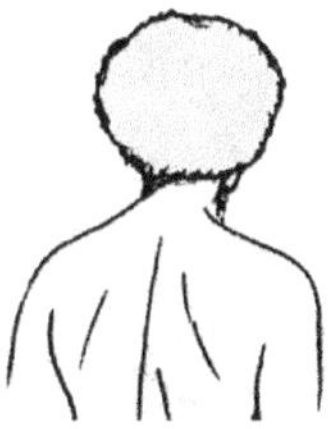
m◦ Head
sir सिर

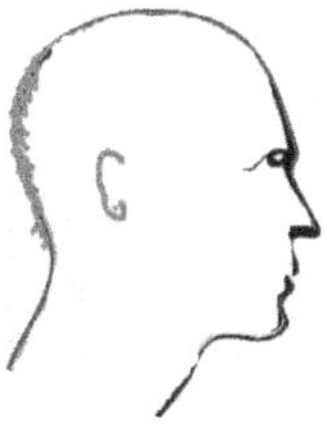
m◦ Bald
gañjā गंजा

f◦ Ponytail
choṭi चोटी

m◦ Hair
bāl बाल

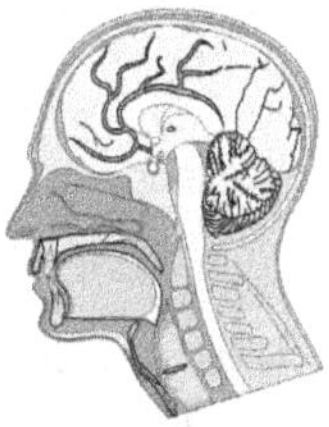
m◦ Brain
dināg दिमाग

f◦ Skull
khopaḍī खोपड़ी

f◦ Vision
nazar नज़र

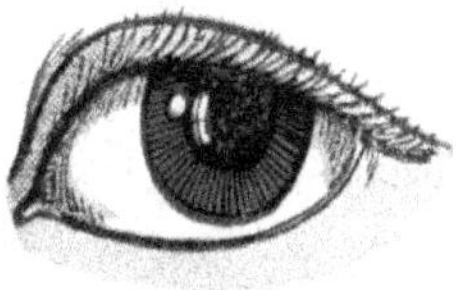
f◦ Eye
ā̇nkh आंख

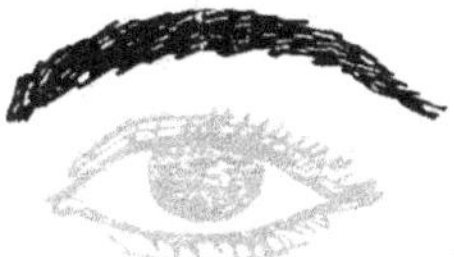
f◦ Eyebrow
bho̐ha भौंह

m◦ Tear
ā̐sū आँसू

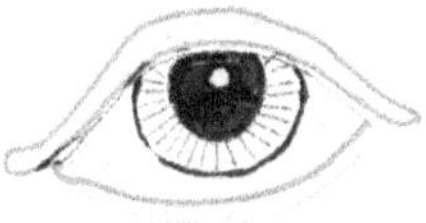
f◦ Eyeball
putalī पुतली

f◦ Eyelid
palak पलक

m◦ Cheek
gāl गाल

m◦ Forehead
lalāṭ ललाट

m◦ Mole
til तिल

m◦ Spilus
tilak तिलक

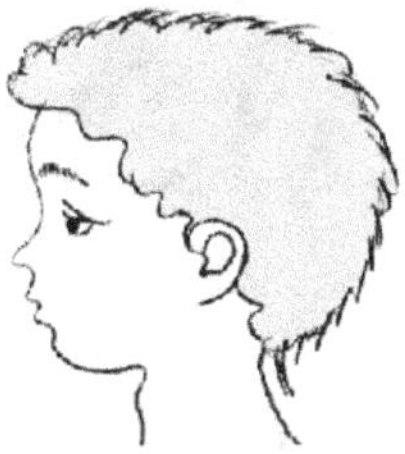
f◦ Neck
gardan गर्दन

f◦ Nose
nāk नाक

m◦ Mouth
mukh मुख

f◦ Mustache
mūchh मूछ

f◦ Beard
dāḍhī दाढ़ी

f◦ Chin
thuḍḍī ठुड्डी

m◦ Lip
Oṭh ओठ

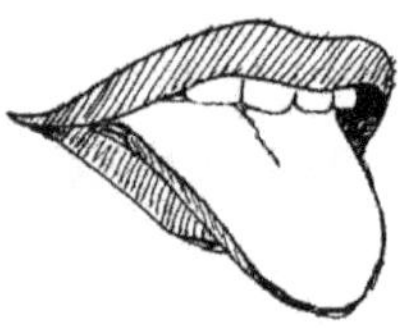

f◦ Tongue
jībh जीभ

m◦ Teeth
dānt दांत

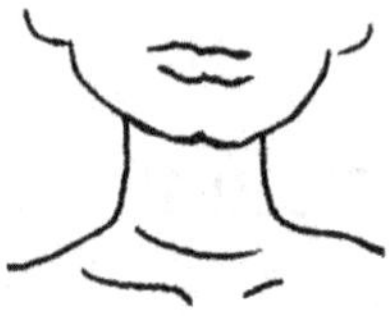

m◦ Throat
galā गला

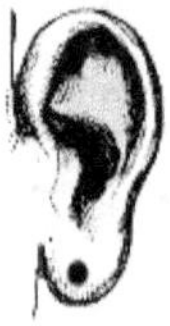

m◦ Ear
kān कान

m◦ Shoulder
kandhā कंधा

m◦ Hand
hāth हाथ

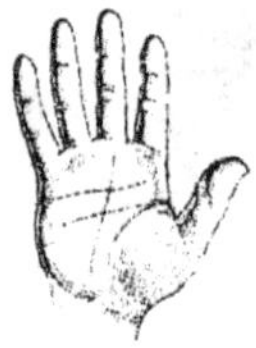

m◦ Palm
kartal करतल

m◦ Thumb
angūṭhā अंगूठा

f◦ Bone
haḍḍī हड्डी

f◦ Forefinger
tarjanī तर्जनी

f◦ Middle finger
madhyamā मध्यमा

f◦ Ring finger
anāmikā अनामिका

f◦ Little finger
kanikī कनीका

m◦ Nail
nākhūn नाखून

f◦ Elbow
kuhanī कुहनी

f◦ Wrist
kalāī कलाई

f◦ Fist
muṭṭhī मुट्ठी

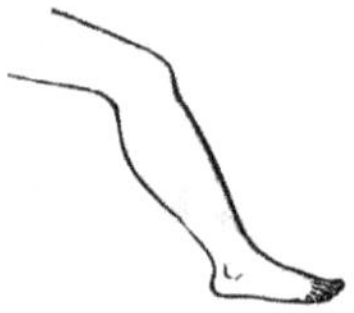

f◦ Leg
ṭāṅg टाँग

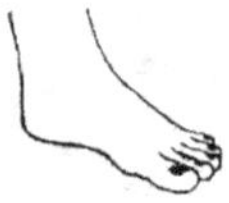

m◦ Foot
pā̃va पाँव

m◦ Sole
talavā तलवा

m◦ Knee
ghuṭnā घुटना

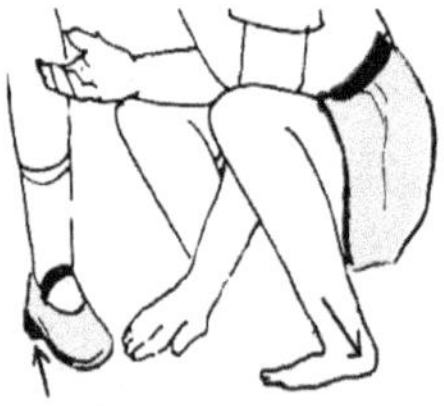

f◦ Heel
eḍī एड़ी

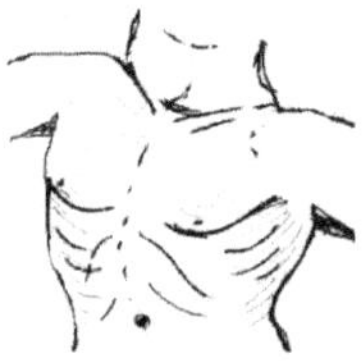

f◦ Chest
chhātī छाती

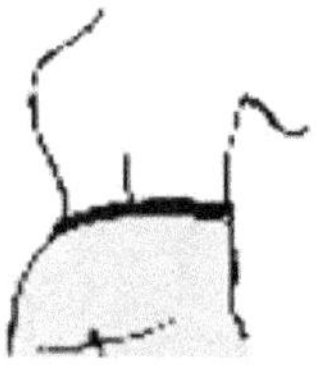

f◦ Waist
kamar कमर

m◦ Stomach
peṭ पेट

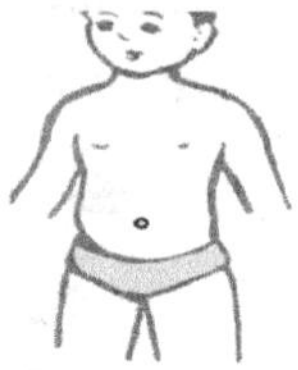

f◦ Bellybutton
nābhī नाभी

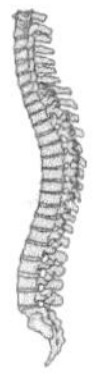

f◦ Spine
rīḍh रीढ़

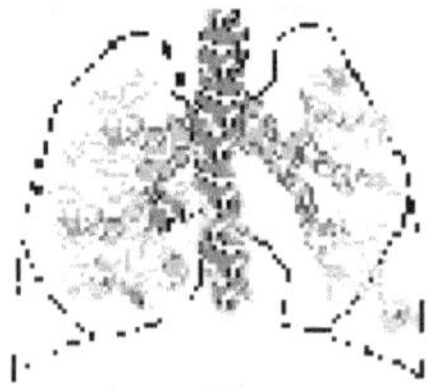

m◦ Lungs
fefade फेफडे

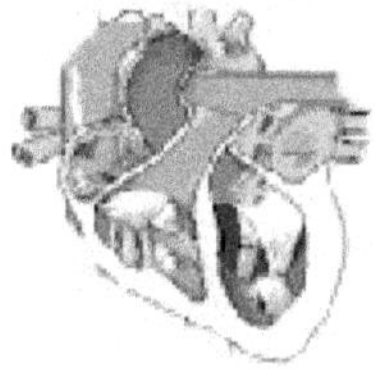

m◦ Heart
dil दिल

m◦ Hoof
khur खुर

m◦ Paw
pañjā पंजा

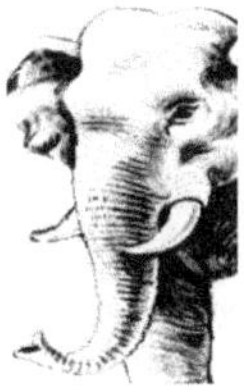
f◦ Trunk
sūṇḍ सूंड

f◦ Mane
ayāl अयाल

f◦ Wool
ūn ऊन

f◦ Tail
dum दुम

m◦ Horn
sing सिंग

f◦ Beak
choñch चोंच

m◦ Feather
paṅkh पंख

m◦ Egg
aṇḍā अंडा

m◦ Tree
peḍ पेड़

f◦ Vine
latā लता

m◦ Banyan
bargad बरगद

m◦ Faicus
pīpal पीपल

m◦ Mango
ām आम

m◦ Pine
devadār देवदार

m◦ Bamboo
bāṅs बांस

m◦ Palm
tāḍ ताड़

f◦ Grass
ghās घास

f◦ wood
lakaḍī लकड़ी

m◦ Leaf
pattā पत्ता

f◦ Branch
ḍālī डाली

f◦ Root
jaḍ जड़

m◦ Forest
Jungle जंगल

m◦ Mountain
pahāḍ पहाड़

m◦ Flower
fūl फूल

m◦ Lotus
kamal कमल

m◦ Rose
gulāb गुलाब

f◦ Jasmine
chamelī चमेली

f◦ Sunflower
sūrajmukhī सूरजमुखी

f◦ Bud
kalī कली

m◦ Fruit
fal फल

m◦ Banana
kelā केला

m◦ Grapes
angūr अंगूर

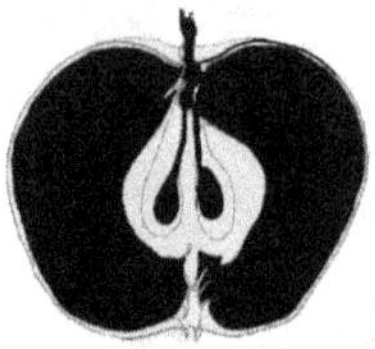
m◦ Apple
seb सेब

m◦ Lemon
nīmbū नींबू

m◦ Mango
ām आम

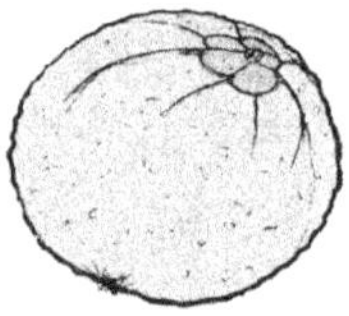
m◦ Orange
santrā संतरा

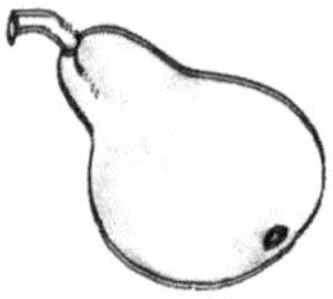
f◦ Pear
nāshapātī नाशपाती

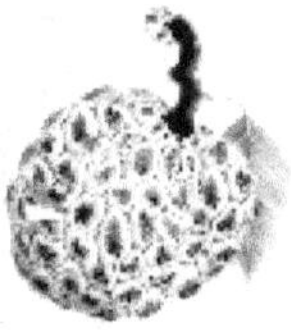
m◦ Custard apple
sītāfal सीताफल

m◦ Papaya
paipitā पपिता

f◦ Pineapple
ananna!s अनन्नास

m◦ Pomegranate
anār अनार

m◦ Sugarcane
īkh ईख

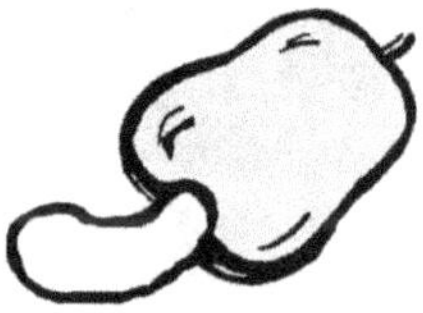
m◦ Cashew
kājū काजू

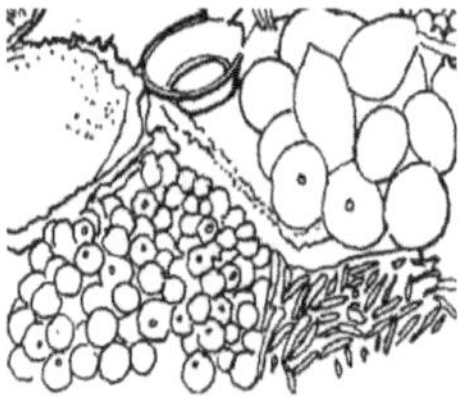
f◦ Vegetables
sabjī सब्जी

m◦ Beet
chukandar चुकंदर

m◦ Bitter gourd
karelā करेला

f◦ Cabbage *pattā-gobhī* पत्तागोभी

m◦ Watermelon
tarbūja तरबूज

f◦ Carrot
gājar गाजर

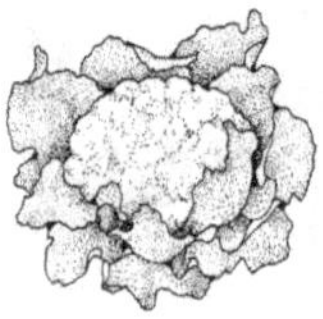
f◦ Cauliflower
fūl-gobhī फूलगोभी

m◦ Coriander
dhaniyā धनिया

f◦ Chili
mirchī मिरची

m◦ Plum
ber बेर

m◦ Tomato
ṭamāṭar टमाटर

m◦ Mint
pudinā पुदिना

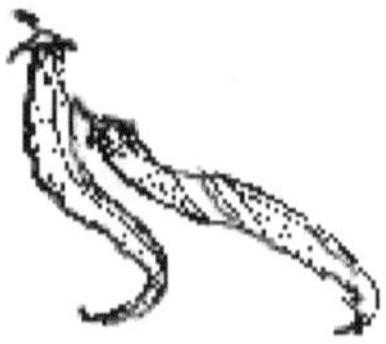
f◦ Beans
sem सेम

f◦ Zucchini
turaī तुरई

m◦ Cocoanut
nāriyal नारियल

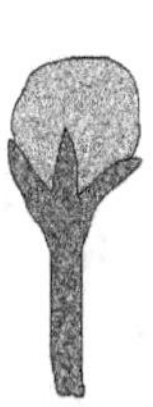

f∘ Clove
lavaṅg लवंग

f∘ Cardamom
ilāyachī इलायची

f∘ Almond
badām बदाम

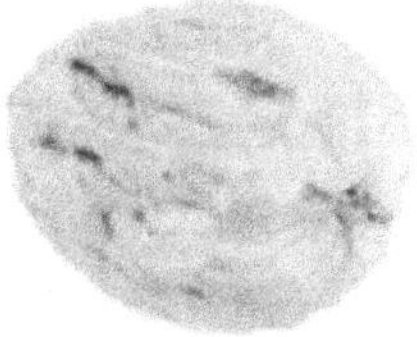

m∘ Walnut
akhroṭ अखरोट

f∘ Peanut
fali फली

m∘ Date
chhuārā छुआरा

m∘ Eggplant
baiṅgan बैंगन

m∘ Garlic
lahasun लहसुन

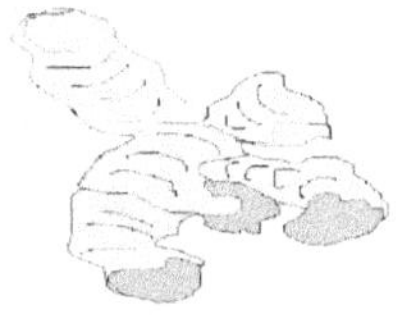

f∘ Ginger
adrak अद्रक

f∘ Corn
makkī मक्की

f∘ Okrā
bhinḍī भिंडी

m∘ Onion
pyāj प्याज

m∘ Potato
ālu आलु

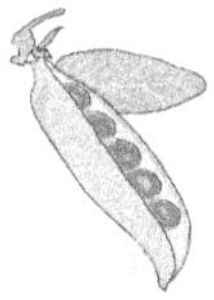

m∘ Peas
maṭar मटर

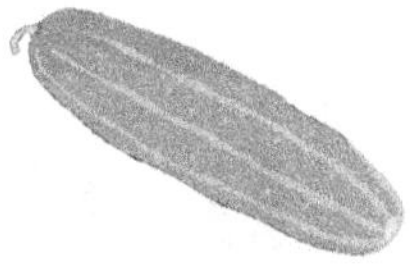

m∘ Cucumber
khīrā खीरा

m∘ Pumpkin
kaddu कद्दु

f∘ Radish
mūlī मूली

f∘ Spinach
pālak पालक

f∘ Tamarind
imlī इमली

m∘ Jackfruit
kaṭhal कटहल

f∘ Soup
dāl दाल

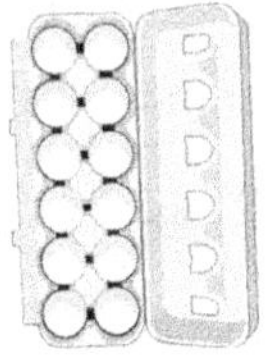

m∘ Eggs
aṇḍe अण्डे

m∘ Flour
āṭā आटा

m∘ Honey
shahad शहद

m∘ Oil
tel तेल

m∘ Breakfast
nāshtā नाश्ता

m∘ Butter
makkhan मक्खन

f∘ Catsup
Chaṭnī चटनी

m∘ Coffee
kahavā कहवा

f∘ Tea
Chāy चाय

f∘ *burfī*
बरफी

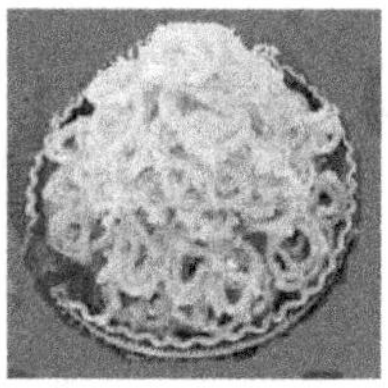
f∘ *jalebi*
जलेबी

m∘ *laḍḍu*
लड्डू

m∘ Milk
dūdh दूध

m∘ Clarified-butter
ghee घी

m∘ *parāṭhā*
पराठा

m∘ Cake
kek केक

m∘ Pickle
achār अचार

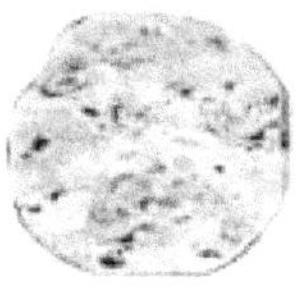
f∘ Bread
Roṭī रोटी

m∘ Rice
chāval चावल

f∘ Salad
salād सलाद

m∘ Salt
namak नमक

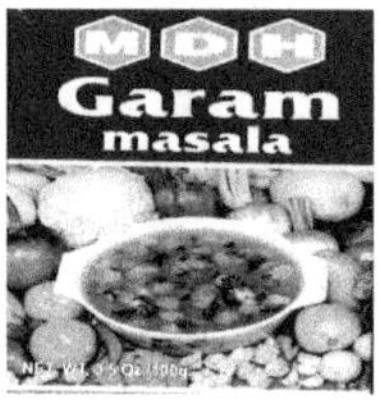

m∘ Spice
masālā मसाला

f∘ Wine
madirā मदिरा

f∘ Chicken
murgī मुर्गी

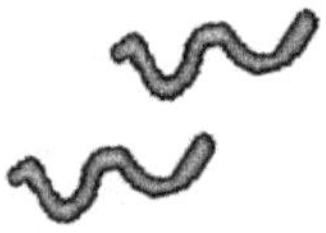
m∘ Worm
kīḍā कीड़ा

m∘ Animal
pashu पशु

m∘ Leopard
chītā चीता

m∘ Python
ajgar अजगर

m∘ Firefly
juganu जुगनु

f∘ Porcupine
sehī सेही

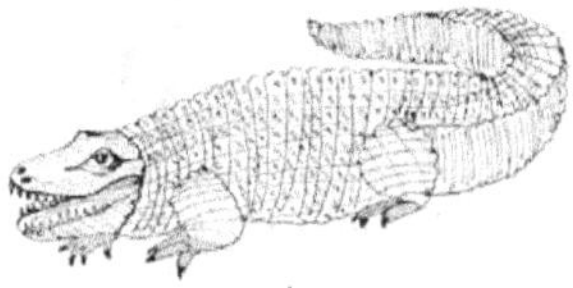
m∘ Alligator
ghaḍiyāl घड़ीयाल

f∘ Ant
chiṁṭī चींटी

m∘ Bat
chamgīdaḍ चमगीदड़

m∘ Ape
ādimāna आदिमानव

m∘ Scorpion
bichchhu बिच्छु

f∘ Sheep
bheḍ भेड़

m∘ Snake
sāṁp सांप

f∘ Spider
makḍī मकड़ी

m∘ Turtle
kachhuā कछुआ

m◦ Deer
harin हरिन

m◦ Dog
kuttā कुत्ता

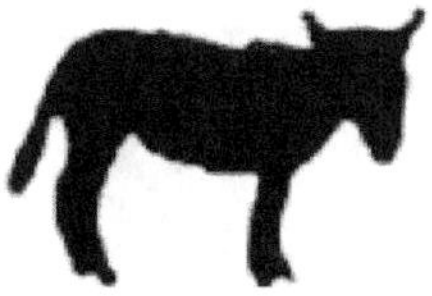

m◦ Donkey
gadhā गधा

m◦ Elephant
hāthī हाथी

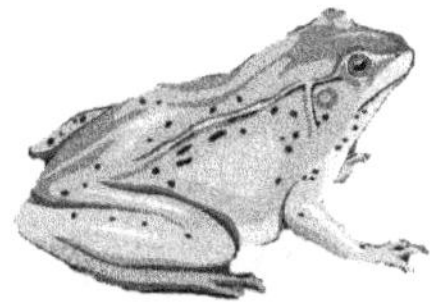

m◦ Frog
meṇḍhak मेंढक

m◦ Bear
bhālu भालु

f◦ Bee
makkhī मक्खी

f◦ Buffalo
bhaiṅs भैंस

f◦ Butterfly
titlī तितली

f◦ Fish
machhalī मछली

m◦ Camel
ūṇṭa ऊंट

f◦ Cat
billī बिल्ली

m◦ Cobra
nāg नाग

f◦ Cow
gāy गाय

f◦ Fox
lomaḍī लोमड़ी

f◦ Goat
bakarī बकरी

m◦ Hippo
kariyād करियाद

m◦ Horse
ghoḍā घोड़ा

m◦ Hyena
lakaḍbaggā लकड़बग्गा

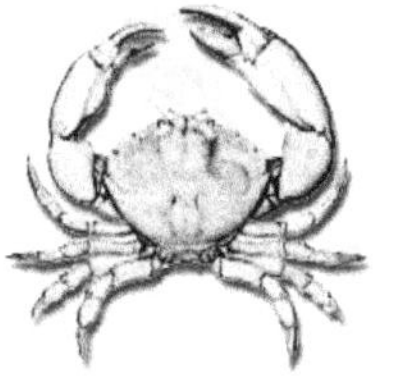

m◦ Crab
kekḍā केकड़ा

m◦ Lion
sim̃ha सिंह

f◦ Lizard
chhhipakalī छिपकली

m◦ Mongoose
nevlā नेवला

m◦ Monkey
bandar बंदर

m◦ Zebra
gorkhar गोरखर

m◦ Mosquito
machchhar मच्छर

m◦ Moth
pataṅg पतंग

m◦ Mouse
chūhā चूहा

m◦ Ox
bail बैल

f◦ Squirrel
gilharī गिलहरी

m◦ Pig
sūar सूअर

m◦ Rabbit
khargosh खरगोश

m◦ Roach
zingur झिंगुर

m◦ Rhino
geṇḍā गेंडा

m◦ Tiger
sher शेर

m◦ Bird
pakshi पक्षी

f◦ Cuckoo
koyal कोयल

m◦ Crow
kauvā कौवा

m◦ Duck
batakh बतख

m◦ Crane
bagulā बगुला

f◦ Eagle
chīl चील

f◦ Fly
makkhī मक्खी

f◦ Hen
murgī मुर्गी

m◦ Owl
ullū उल्लू

m◦ Falcon
bāj बाज

m◦ Parrot
totā तोता

m◦ Peacock
mor मोर

m◦ Pigeon
kabūtar कबूतर

m◦ Rooster
murgā मुर्गा

m◦ Pheasant
tītar तीतर

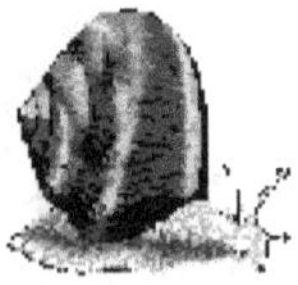

m◦ Snail
ghonghā घोंघा

m◦ Swan
haṁsa हंस

m◦ Vulture
gidh गिध

m◦ Woodpecker
kaṭhphoḍvā कठफोड़वा

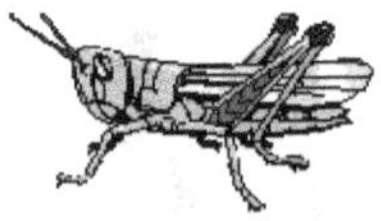

m◦ Grasshopper
ṭiḍḍā टिड्डा

m◦ Ostrich
Shuturmurg शुतुरमुर्ग

m◦ Flamingo
marāl मराल

f◦ Turkey
peru पेरु

m◦ Jay
bulbul बुलबुल

f◦ Quail
bater बटेर

m∘ Stove
chūlhā चूल्हा

m∘ Cup
pyālā प्याला

m∘ Glass
gilās गिलास

f∘ Plate
thālī थाली

f∘ Knife
chhurī छुरी

m∘ Knife
chākū चाकू

f∘ Ladle
kaḍchī कडछी

m∘ *Spoon*
chammach चम्मच

f∘ Wok
kaḍāhī कड़ाही

f∘ Bucket
bālṭī बाल्टी

f∘ Book
kitāb किताब

m∘ Paper
kāgaz कागज़

f∘ Letter
chiṭṭhī चिट्ठी

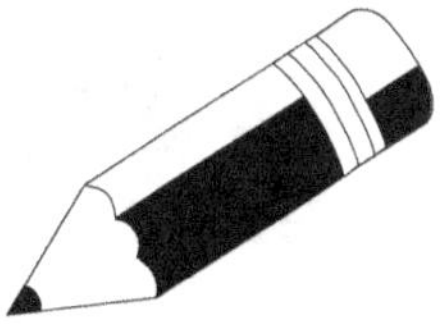

f∘ Pencil
lekhanī लेखनी

f∘ Pen
kalam कलम

m∘ Certificate
pramāṇ-patra प्रमाणपत्र

m∘ Money
paise पैसे

f∘ Ball
gend गेंद

f∘ Medicine
dawāī दवाई

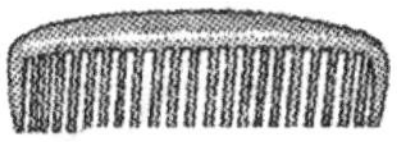

f∘ Comb
kanghī कंघी

m∘ Shirt
kurtā कुर्ता

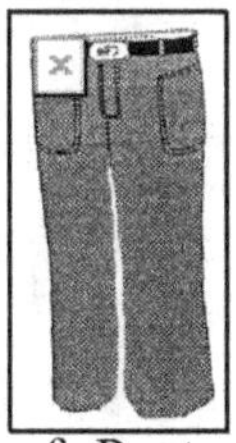

f∘ Pants
patlūn पतलून

m∘ Shoe
jūtā जूता

f∘ *sārī*
साड़ी

m∘ Brush
burus बुरुस

m∘ Balloon
gubbārā गुब्बारा

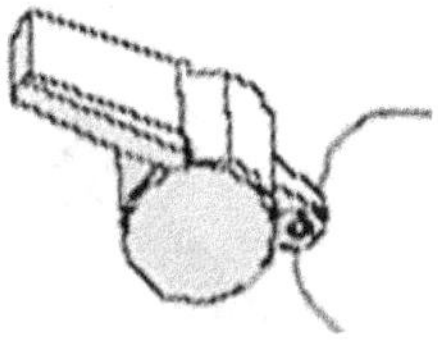

f∘ Whistle
sīṭī सीटी

f∘ Fan
paṅkhā पंखा

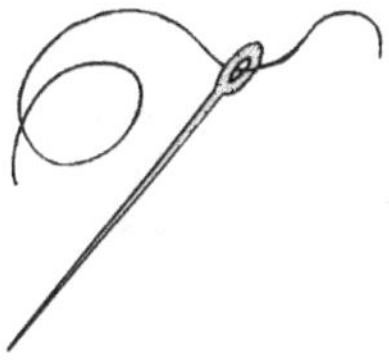

f∘ Needle
sūī सूई

f∘ Stick
chhaḍī छड़ी

f◦ Cap
ṭopī टोपी

m◦ Bag
thailā थैला

f◦ Umbrella
chhatrī छत्री

m◦ Glasses
chaṣmā चष्मा

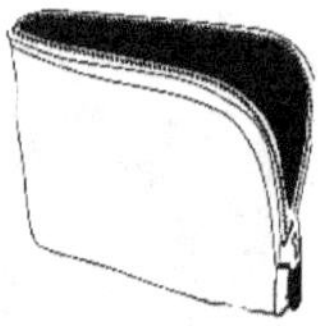

m◦ Wallet
baṭuā बटुआ

m◦ House
ghar घर

f◦ Key
chābī चाबी

m◦ Lock
tālā ताला

m◦ Door
darwājā दरवाजा

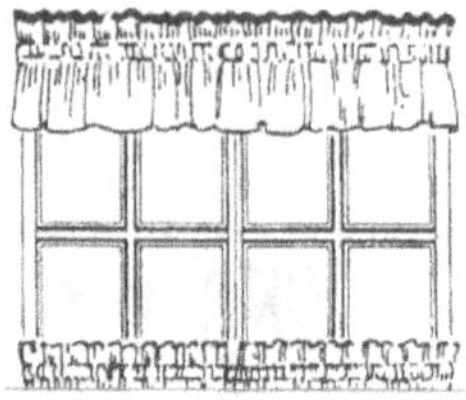

f◦ Window
khiḍakī खिड़की

f◦ Stool
chārpaī चारपाई

f◦ Chair
kursī कुर्सी

m◦ Broom
jhaḍū झाड़ू

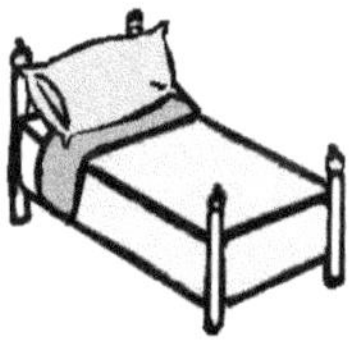

f◦ Bed
bistar बिस्तर

f◦ Electricity
bijlī बिजली

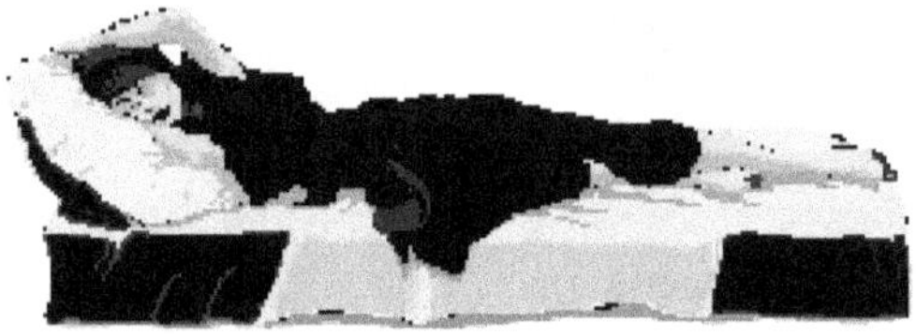

m◦ Pillow
takiyā तकिया

f◦ Mattress
gaddī गद्दी

m◦ Blanket
kambal कम्बल

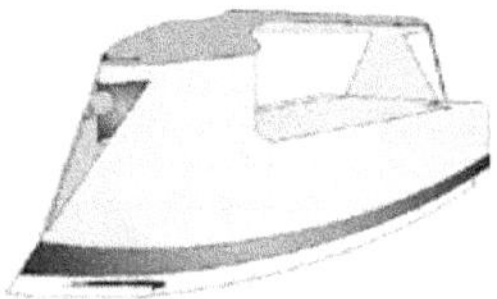

f◦ Iron
istarī इस्तरी

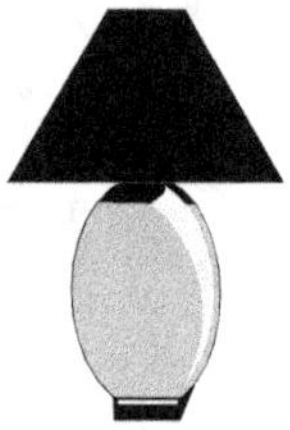

m◦ Lamp
dīyā दीया

f◦ Kettle
ketlī केतली

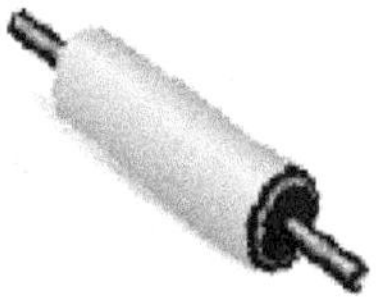

f◦ Rolling pin
belan बेलन

f◦ Jug
surāhī सुराही

m◦ Swing
jhūlā झूला

m◦ Razor
ustarā उस्तरा

m◦ Hammer
hathauḍā हथौड़ा

m◦ Pliar
jamūr जमूर

m◦ *Screwdriver*
pechkash पेचकश

f◦ Saw
ārī आरी

m◦ Wrench
pānā पाना

f∘ Chisel
chhenī छेनी

f∘ Ax
kulhāḍī कुल्हाड़ी

m∘ Shovel
fāvaḍā फावड़ा

m∘ Screw
pech पेच

f∘ Nail
kīl कील

m∘ Phone
dūrabhāsh दूरभाष

f∘ Cell जंगमदूरवाणी
jangamadūravānī

f∘ Radio *ākāshavāṇī*
आकाशवाणी

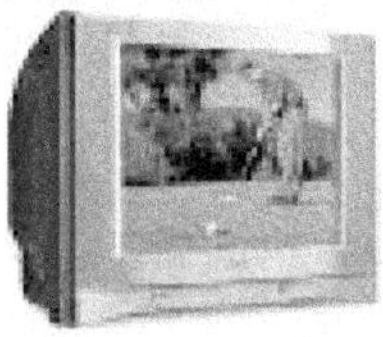

m∘ TV *dūradarshan*
दूरदर्शन

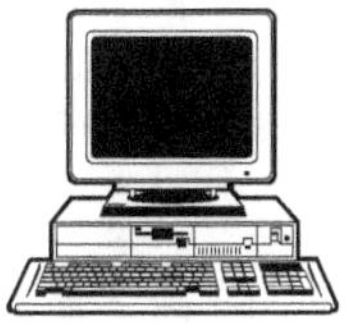

m∘ Computer
saṅgaṇak संगणक

f∘ Chess
shatranj शतरंज

f∘ Scissors
kainchī कैंची

m∘ Thread
dhāgā धागा

m∘ Broom
jhāḍū झाड़ू

f∘ Watch
ghaḍī घड़ी

m∘ Diamond
hīrā हीरा

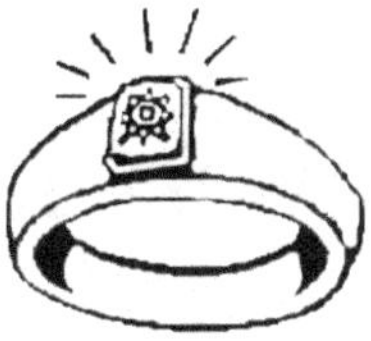

f∘ Ring
aṅgūṭhī अंगूठी

m∘ Necklace
hār हार

m∘ Mirror
āīnā आईना

m∘ Paper
akhabār अखबार

f∘ Bicycle
sāyakil सायकील

f∘ Car
gāḍī गाड़ी

m∘ Airplane
vimān विमान

f∘ Boat
nāv नाव

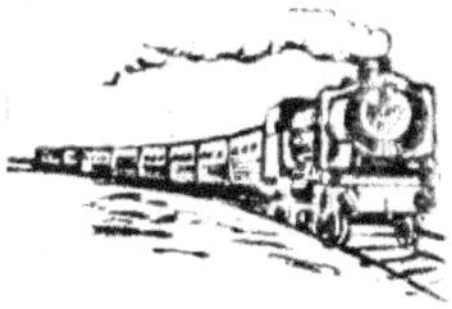

f∘ Rail
relgāḍī रेलगाड़ी

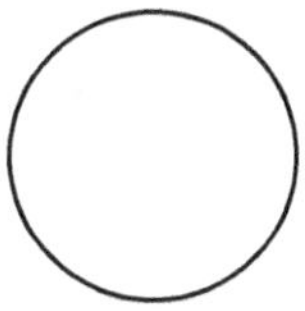

m∘ Circle
gol गोल

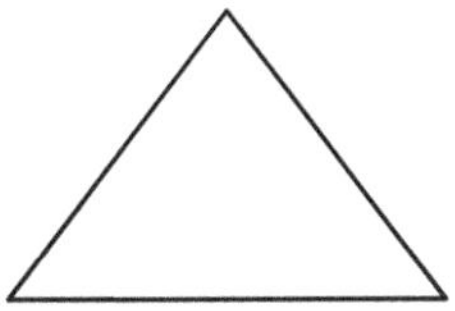

m∘ Triangle
trikoṇa त्रिकोण

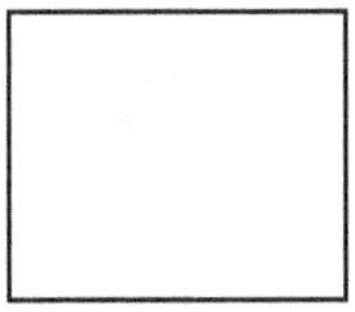

m∘ Square
chaturbhuj चतुर्भुज

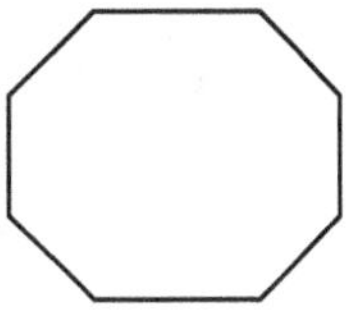

m∘ Hexagaon
shaṭkoṇa षट्कोण

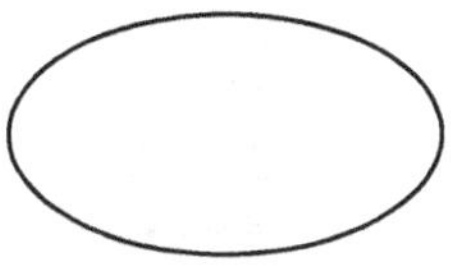

f∘ oval
aṇḍdākritī अंडाकृति

m◦ Accountant
munīm मुनीम

m◦ Bus-wālā
bus-wālā बसवाला

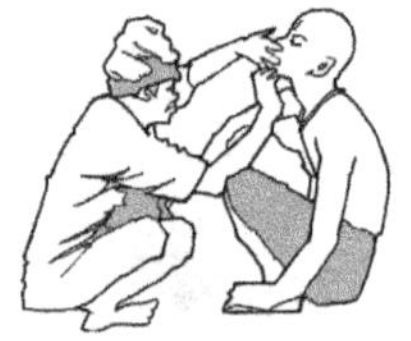
m◦ Barber
nāī नाई

m◦ Carpenter
baḍhaī बढ़ई

m◦ Boatman
kevaṭ केवट

f◦ Dancer
nartakī नर्तकी

m◦ Potter
kumhār कुम्हार

m◦ Farmer
kisān किसान

m◦ Labourer
majdūr मजदूर

m◦ Lawyer
vakīl वकील

m◦ Magician
jādūgar जादूगर

m◦ Musician
sangītakār संगीतकार

m◦ Painter
rangwālā रंगवाला

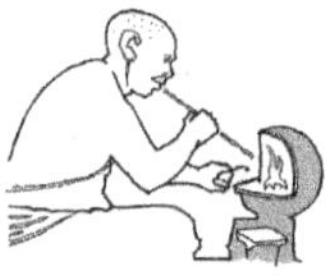
m◦ Goldsmith
sunār सुनार

m◦ Police
pulis पुलिस

m◦ Player
khilāḍī खिलाड़ी

m◦ Priest
pujārī पुजारी

m◦ Soldie
jawān जवान

m◦ Snake charmer
saperā सपेरा

m◦ Tailor
darzī दर्ज़ी

f◦ Teacher
guruji गरुजी

m◦ Thief
chor चोर

m◦ Typist
ṭankiṇak टंकणक

m◦ Wrestler
pahalwān पहलवान

m◦ Swimmer
tairak तैरक

f◦ Nurse *parichārikā*
परिचारिका

f◦ Fruit vendor
sabzī-walī सब्ज़ीवाली

m◦ Ascetic
yogī योगी

m◦ Washerman
dhobī धोबी

m◦ Cricketer
ballebāz बल्लेबाज़

LESSON 11

READING DEVANAGARI PASSAGES

11.1

Sanskritam

संस्कृतम्

संसारे अनेकाः भाषाः सन्ति । (saṁsāre anekāḥ bhāṣāḥ santi) तासु सर्वासु संस्कृत-भाषा सर्वोत्तमा च श्रेष्ठा च अस्ति । (tāsu sarvāsu saṁskṛta-bhāṣā sarvottamā ća śreṣṭhā ća asti) एषा अमृत-वाणी गीर्वाण-वाणी गीर्वाणभारती देव-वाणी इत्यादिभिः नामभिः ज्ञायते । (eṣā amṛta-vāṇī, gīrvāṇa-vāṇī, gīrvāṇa-bhāratī deva-vāṇī ityādibhiḥ nāmabhiḥ jñāyate).

एषा न केवलं भारतीयानां भाषाणां जननी अस्ति (eṣā na kevalaṁ bhāratīyānaṁ bhāṣāṇāṁ jananī asti) अपितु वैदेशिकानां भाषानाम् अपि जननी अस्ति । (apitu vaideśikānāṁ bhāṣānām api jananī asti) ऋषयः समाधिम् आस्थाय एनां साक्षात् कृतवन्तः (ṛṣayaḥ samādhim āsthāya enāṁ sākṣāt kṛtavantaḥ) अत एव एषा भाषा दोषरहिता विकारशून्या संस्कार-सम्पन्ना च अस्ति । (ata eva eṣā bhāṣā doṣa-rahitā, vikāra-śūnyā, saṁskāra-sampannā ća asti).

अस्याः व्याकरणम् अद्भुतम् अस्ति । (asyāḥ vyākaraṇam adbhutam asti) संस्कृतं वैज्ञानिकं सर्वाङ्गपूर्णं च अस्ति । (saṁskṛtaṁ vaijñānikaṁ sarvāṅga-pūrṇaṁ ća asti). अस्याः शब्दरचना अभूतपूर्वा अस्ति । (asyāḥ śabda-raćanā abhūta-pūrvā asti). अस्याः च शब्दकोषः सुविशालः अस्ति। (asyāḥ ća śabda-koṣaḥ suviśālaḥ asti). साहित्यं च सुललितम् अस्ति । (sāhityaṁ ća sulalitam asti). वाल्मीकिः व्यासः कालिदासप्रभृति महाकवयः विश्वसाहित्ये दुर्लभाः सन्ति । (vālmīkiḥ, vyāsaḥ, kālidāsaprabhṛti mahākavayaḥ viśva-sāhitye durlabhāḥ santi).

अस्याम् अनेकविधज्ञानम् विद्यते । (asyām aneka-vidhā-jñānaṁ vidyate). अस्यां भाषायां गणितस्य ज्योतिषस्य आयुर्वेदस्य अध्यात्मस्य च सूक्ष्म-विवेचनम् उपलभ्यते । (asyāṁ bhāṣāṁ gaṇitasya, jyotiṣasya, āyurvedasya adhyātmasya ća sūkṣma-vivećanam upalabhyate). संस्कृतं भारतीय-संस्कृतेः मूलम् अस्ति । (saṁskṛtaṁ bhāratīya-saṁskṛteḥ mūlam asti).

11.2

Rāmāyaṇam

रामायणम्

कविकोकिल-वाल्मीकि-विरचिता रामायण-रमणीयकथा ।
अतीव सरला मधुरा मञ्जुला नैव क्लिष्टा न च कठिना ।।2।।

Kavi-kokila-vālmīki-viraćitā, rāmāyaṇa-ramaṇīya-kathā,
Atīva saralā madhurā mañjulā, naiva kliṣṭā na ća kaṭhinā.

रामं समुदितैः गुणैः युक्तं समीक्ष्य दशरथः तस्य यौवराज्यम् अमन्यत् । (Rāmaṁ samuditaiḥ guṇaiḥ yuktaṁ samīkṣya daśarathaḥ tasya yauvarājyam amanyat). विविधान् नागरिकान् नाना जानपदान् अपि सर्वां सभाम् आमन्त्र्य दशरथः उवाच (Vividhān nāgarikān nānā jānapadān api sarvāṁ sabhām āmantrya daśarathaḥ uvāća) श्रेष्ठः एव मम पुत्रः रामः सर्वैः गुणैः युक्तः अस्ति । अतः यौवराज्ये तम् नियोजयामि तस्मात् अनुमन्यताम् । (śhreṣṭhaḥ eva mama putraḥ rāmaḥ sarvaiḥ guṇaiḥ yuktaḥ asti. Ataḥ yauvarājye taṁ niyojayāmi tasmāt anumanyatām).

ते अपि दशरथम् ऊचुः (te api daśaratham ūćuḥ) नृपते! (Nṛpate!) श्रीरामः धर्मज्ञः सत्यसन्धः शीलवान् अनसूयकः (śhrīrāmaḥ dharmajñaḥ satyasandhaḥ śīlavān anasūyakaḥ) तस्मात् सर्वशत्रुदमनम् इमम् श्रीरामं यौवराज्ये वयम् अपि द्रष्टुम् इच्छामः (tasmāt sarvaśatrudamanam imaṁ śrīrāmaṁ yauvarājye vayam api draṣṭum iććhāmaḥ).

11.3

A Devotional Song

bhakti-gītam भक्तिगीतम्

śhrīkṛṣṇa govinda hare murāre, He nātha nārāyaṇa vāsudeva,
Jihve! pibasvāmṛtametadeva, Govinda dāmodara mādhaveti.

Jihve! sadaiva bhaja sundarāṇi, Nāmāni kṛṣṇasya manoharāṇi,
Samasta bhaktārtivināśanāni, Govinda dāmodara mādhaveti.

śhrīkṛṣṇa rādhāvara gokuleśa, Gopāla govardhana nātha viṣṇo,
Jihve! pibasvāmṛtametadeva, Govinda dāmodara mādhaveti.

11.4

Mahābhāratam

महाभारतम्

व्यासविरचिता गणेशलिखिता महाभारते दिव्यकथा ।
कौरवपाण्डव–सङ्गर–मथिता नैव क्लिष्टा न च कठिना ।।6।।

Vyāsa-viraćitā gaṇeṣa-likhitā, mahābhārate divya-kathā,
Kaurava-pāṇḍava-saṅgara-mathitā, naiva kliṣṭā na ća kaṭhinā.

वैशम्पायनः अब्रवीत् (Vaiśampāyanaḥ abravīt)

ते पाण्डवाः वीराः बद्धखड्गाः बद्धकेशपाशाः कालिन्दीं नदीम् अभिमुखम् कृत्वा जग्मुः (te pāṇḍavāḥ vīrāḥ baddha-khaḍgāḥ baddha-keśa-pāśaḥ kālindiṁ nadīm abhimukhaṁ kṛtvā jagmuḥ) ततः ते दक्षिणं तीरं पादाभ्याम् एव अन्वगच्छन् । (tataḥ te dakṣiṇaṁ tīraṁ padābhyām eva anvagaććhan). तदा ते पाण्डवाः (tadā te pāṇḍavāḥ) निवृत्तवनवासाः (nivṛtta-vana-vāsaḥ) स्वराष्ट्रं प्रेप्सवः (sva-rāṣṭraṁ prepsavaḥ) गिरिदुर्गेषु वनदुर्गेषु धनुष्मन्तः (giri-durgeṣu vana-durgeṣu dhanuṣmantaḥ) ते महाधनुर्धारिणः महाबलाः (te mahā-dhanurdhāriṇaḥ mahā-balāḥ) वनेषु मृगसमूहान् शरैः विन्ध्यन्तः (vaneṣu mṛgasamūhān śaraiḥ vindhyantaḥ) उत्तरेण दशार्ण देशान्

(uttareṇa daṣārṇa deśān) तथा दक्षिणेन पाञ्चालान् देशान् (tathā dakṣiṇena pāñćālān deśān) अन्तरेण च (antareṇa ća) यकृल्लोमान् शूरसेनान् कृत्वा (yakṛllomān śūrasenān kṛtvā) मत्स्यस्य विषयं देशं प्रविष्टाः (matsyasya viṣayaṁ deśaṁ praviṣṭāḥ).

ततः मत्स्यस्य नगरं प्राप्य (tataḥ matsyasya nagaraṁ prāpya) धर्मराजानं द्रौपदी उवाच (dharmarājānaṁ draupadī uvāća) पश्य! एकपद्यः दृश्यन्ते । (paśya! ekapadyaḥ dṛśyante). अतः अनेन चिह्नेन व्यक्तं भवति (ataḥ anena ćihnena vyaktaṁ bhavati) यत् विराटस्य राजनगरी इतः दूरे नैव भविष्यति ।(yat virāṭasya rājanagarī itaḥ dūre naiva bhaviṣyati).

11.5

The Gītā गीता

कुरुक्षेत्र-समरांङ्गण-गीता, विश्ववन्दिता भगवद्गीता ।
अमृतमधुरा कर्मदीपिका, नैव क्लिष्टा न च कठिना ।।7।।

Kurukṣetra-samarāṅgaṇa-gītāviśva-vanditā bhagavadgītā,
Amṛta-madhurā karma-dīpikā naiva kliṣṭā na ća kaṭhina.

सञ्जयः उवाच । तं तथा कृपया आविष्टम् अश्रुपूर्णाकुलेक्षणम् विषीदन्तम् तम् इदं वाक्यम् उवाच मधुसूदनः । कुतः त्वा कश्मलम् इदम् विषमे समुपस्थितम् । अनार्यजुष्टम् अस्वर्ग्यम् अकीर्तिकरम् अर्जुन! क्लैब्यं मा स्म गमः पार्थ! न एतत् त्वयि उपपद्यते । क्षुद्रम् हृदय-दौर्बल्यं त्यक्त्वा उत्तिष्ठ परन्तप!

Sañjayaḥ uvāća. Taṁ tathā kṛpayā āviṣṭam aśru-pūrṇākulekṣaṇaṁ viṣīdan tam idaṁ vākyam uvāća madhusūdanaḥ. Kutaḥ tvā kaśmalam idaṁ viṣame sam-upasthitam. Anārya-juṣṭam asvargyam akīrtikaram arjuna! Klaibyaṁ mā sma gamaḥ pārtha! na etat tvayi upapadyate. Kṣudraṁ hṛdaya-daurbalyaṁ tyaktvā uttiṣṭha parantapa!

11.6

I am Śiva

śivo'ham शिवोऽहम्

Na me dveṣa-rāgau na me lobha-mohau, Mado naiva me naiva mātsarya-bhāvaḥ,
Na dharmo na ćārtho na kāmo na mokṣaḥ, Ćidānandarūpaḥ śivo'haṁ śivo'ham.

न मे द्वेषरागौ न मे लोभमोहौ । मदो नैव मे नैव मात्सर्यभावः ।
न धर्मो न चार्थो न कामो न मोक्षः । चिदानन्दरूपः शिवोऽहं शिवोऽहम् ।।8।।

Na puṇyaṁ na pāpaṁ na saukhyaṁ na duḥkham, Na mantro na tīrthaṁ na vedā na yajñāḥ,
Ahaṁ bhojanaṁ naiva bhojyaṁ na bhoktā, Ćidānandarūpaḥ śivo'haṁ śivo'ham.

न पुण्यं न पापं न सौख्यं न दुःखम् । न मन्त्रो न तीर्थं न वेदा न यज्ञाः ।
अहं भोजनं नैव भोज्यं न भोक्ता । चिदानन्दरूपः शिवोऽहं शिवोऽहम् ।।9।।

Na me mṛtyu-śaṅkā na me jāti-bhedaḥ, Pita naiva me naiva mātā na janma,
Na bandhurna mitraṁ gururnaiva śiṣyaḥ, Ćidānandarūpaḥ śivo'haṁ śivo'ham.

न मे मृत्युशङ्का न मे जातिभेदः । पिता नैव मे नैव माता न जन्म ।
न बन्धुर्न मित्रं गुरुर्नैव शिष्यः । चिदानन्दरूपः शिवोऽहं शिवोऽहम् ।।10।।

Ahaṁ nirvikalpo nirākāra-rūpaḥ, Vibhurvyāpya sarvatra sarvendriyāṇām,
Sadā me samatvaṁ na muktirna bandhaḥ, Ćidānandarūpaḥ śivo'haṁ śivo'ham.

अहं निर्विकल्पो निराकाररूपः । विभुर्व्याप्य सर्वत्र सर्वेन्द्रियाणाम् ।
सदा मे समत्वं न मुक्तिर्न बन्धः । चिदानन्दरूपः शिवोऽहं शिवोऽहम् ।।11।।

11.7

OBEISANCE TO THE MOTHERLAND

Vande Mātaram

वन्दे मातरम्

वन्दे मातरम् । सुजलां सुफलां मलयज-शीतलाम् ।
शस्यश्यामलां मातरम् । वन्दे मातरम् ।।12।।

Vande mātaram, Sujalāṁ suphalāṁ malayaja-śītalām,
śhasya-śyāmalāṁ mātaram, vande mātaram.

शुभ्र-ज्योत्स्नां पुलकित-यामिनीम् । सुहासिनीं सुमधुर-भाषिणीम् ।
सुखदां वरदां मातरम् । वन्दे मातरम् ।।13।।

śhubhra-jyotsnāṁ pulakita-yāminīm, Suhāsinīṁ su-madhura-bhāṣiṇīm,
Sukhadāṁ varadāṁ mātaram, vande mātaram.

विद्यादायिनि नमामि त्वाम् । नमामि कमलाम् अमलाम् अतुलाम् ।
सुजलां सुफलां मातरम् । वन्दे मातरम् ।।14।।

Vidyā-dāyini! namāmi tvām, Namāmi kamalām amalām atulām,
Sujalāṁ suphalāṁ mātaram, vande mātaram.

श्यामलां सरलाम् । सुस्मितां भूषिताम् ।
धरणीं भरणीं मातरम् । वन्दे मातरम् ।।15।।

śhyāmalāṁ saralām, Susmitāṁ bhūṣitām,
Dharaṇiṁ bharaṇiṁ mātaram, vande mātaram.

11.8

THE VEDAS

The Gāyatrī Chant गायत्री-मन्त्रः ।

गीता गङ्गा च गायत्री गोविन्देति हृदि स्थिते । चतुर्गकारसंयुक्ते पुनर्जन्म न विद्यते ।।16।।

Gītā gaṅgā ća gāyatrī govindeti hṛdi sthite, ćaturgakārasaṁyukte punarjanma na vidyate.

The loftiest among all Sanskrit writings is the divine Gāyatrī Mantra.

2. ॐ एकदन्ताय विद्महे । वक्रतुण्डाय धीमहि । तन्नो दन्ती प्रचोदयात् ।।18।।

Oṁ ekadantāya vidmahe, vakratuṇḍāya dhīmahi, tanno dantī praćodayāt.

3. ॐ तत्पुरुषाय विद्महे । महादेवाय धीमहि । तन्नो रुद्रः प्रचोदयात् ।।19।।

Oṁ tatpuruṣāya vidmahe, mahādevāya dhīmahi, tanno rudraḥ praćodayāt.

4. ॐ नारायणाय विद्महे । वासुदेवाय धीमहि । तन्नो विष्णुः प्रचोदयात् ।।20।।

Oṁ nārāyaṇāya vidmahe, vāsudevāya dhīmahi, tanno viṣṇuḥ praćodayāt.

5. ॐ देव्यै ब्रह्माण्यै विद्महे । महाशक्त्यै च धीमहि । तन्नो देवी प्रचोदयात् ।।21।।

Oṁ devyai brahmāṇyai vidmahe, mahāśaktyai ća dhīmahi, tanno devī praćodayāt.

6. ॐ महालक्ष्म्यै च विद्महे । विष्णुपत्न्यै च धीमहि । तन्नो लक्ष्मीः प्रचोदयात् ।।22।।

Oṁ mahālakṣmyai ća vidmahe, viṣṇupatnyai ća dhīmahi, tanno lakṣmīḥ praćodayāt.

7. ॐ भास्कराय विद्महे । महद्द्युतिकराय धीमहि । तन्न आदित्यः प्रचोदयात् ।।23।।

Oṁ bhāskarāya vidmahe, mahaddyutikarāya dhīmahi, tanna ādityaḥ praćodayāt.

गायत्र्यास्तु परन्नास्ति शोधनं पापकर्मणाम् ।
गायन्तं त्रायते यस्माद्गायत्री सा ततः स्मृता ।।24।।

Gāyatryāstu parannāsti śodhanaṁ pāpakarmaṇām,
Gāyantaṁ tryāte yasmāt gāyatrī sā tataḥ smṛtā.

11.9 SOME INDIAN CULTURAL DEVANAGARI WORDS

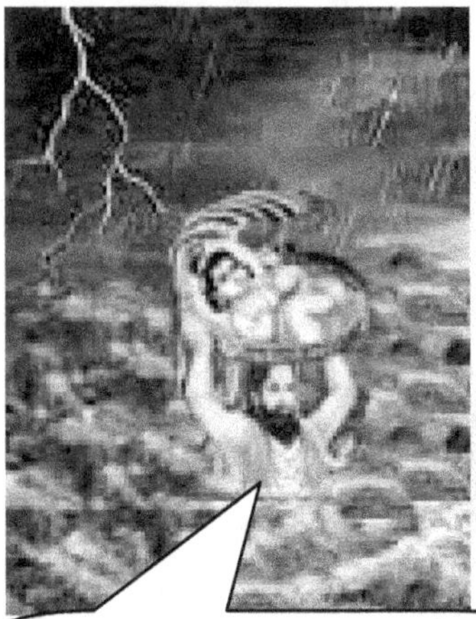

Vasudeva वसुदेव **(vishnu)**

Vāsudeva वासुदेव **(krishna)**

Viṣhṇu विष्णु

Vyāsa व्यास

Viṭṭhala विट्ठल **(vishnu)**

Vidyadevi विद्यादेवी **(sarasvati)**

Brahmā ब्रह्मा

Buddha बुद्ध

Bānsurīvālā बांसुरीवाला **(krishna)**

Kānhā कान्हा **(krishna)**

Kamal कमल **(lotus)**

Kesarī केसरी **(lion)**

Pushpak पुष्पक
(airplane)

Mẵ माँ **(Mother)**

Pratāp प्रताप
(pratap)

Baraf बरफ
(snow, ice)

Ṣhaṭkoṇ
षट्कोण
(hexagon)

fūl फूल
(flower)

Paise पैसे
(money)

Tulsīdās तुलसीदास
Tukārām तुकाराम
Tilak तिलक
Tulsī तुलसी
Trishūl त्रिशूल
(trident)
Govind Singh
गोविंद सिंह
Tablā तबला (cow)
Gāy गाय (cow)
Ganesh गणेश
Nārad नारद
Nāg नाग (cobra)
Tumbru तंबरु

Bhārat भारत (India)
Bhārat-Mātā भारत-माता
bāṇ बाण (arrow)
Mātaa-pitā
माता पिताँ
(Mother-father)
Mor मोर (Peacock)
Pūjā पूजा
Mīrā मीरा
Bandar बंदर
(monkey)
Garūḍa गरूड़
Gaj गज (elephant)
Paṇḍit पंडित
Talwār तलवार
(sword)
Bargad बरगद
(Banyan Tree)
Gadā गदा (mace)

ūparwālā ऊपरवाला (God)

Umā उमा (Parvati

Riṣhi ऋषि (Sage)

Achyuta अच्युत (krishna)

Omkar ओंकार (Om)

īsh ईश (God)

Agni अग्नि (fire)

Abhimanyu अभिमन्यु

Aarti आरती

Ishwar ईश्वर (God)

Anuj अनुज (younger brother)

Chakra चक्र
Chandra चंद्र (moon)
Lakshmī लक्ष्मी
Jag जग
Lakshmana लक्ष्मण
Dhanush धनुष (bow)
Ghanashyām घनश्याम (krishna)
Janārdan जनार्दन (krishna)
Chhatra छत्र (umbrella)
Dhenu धेनु (cow)

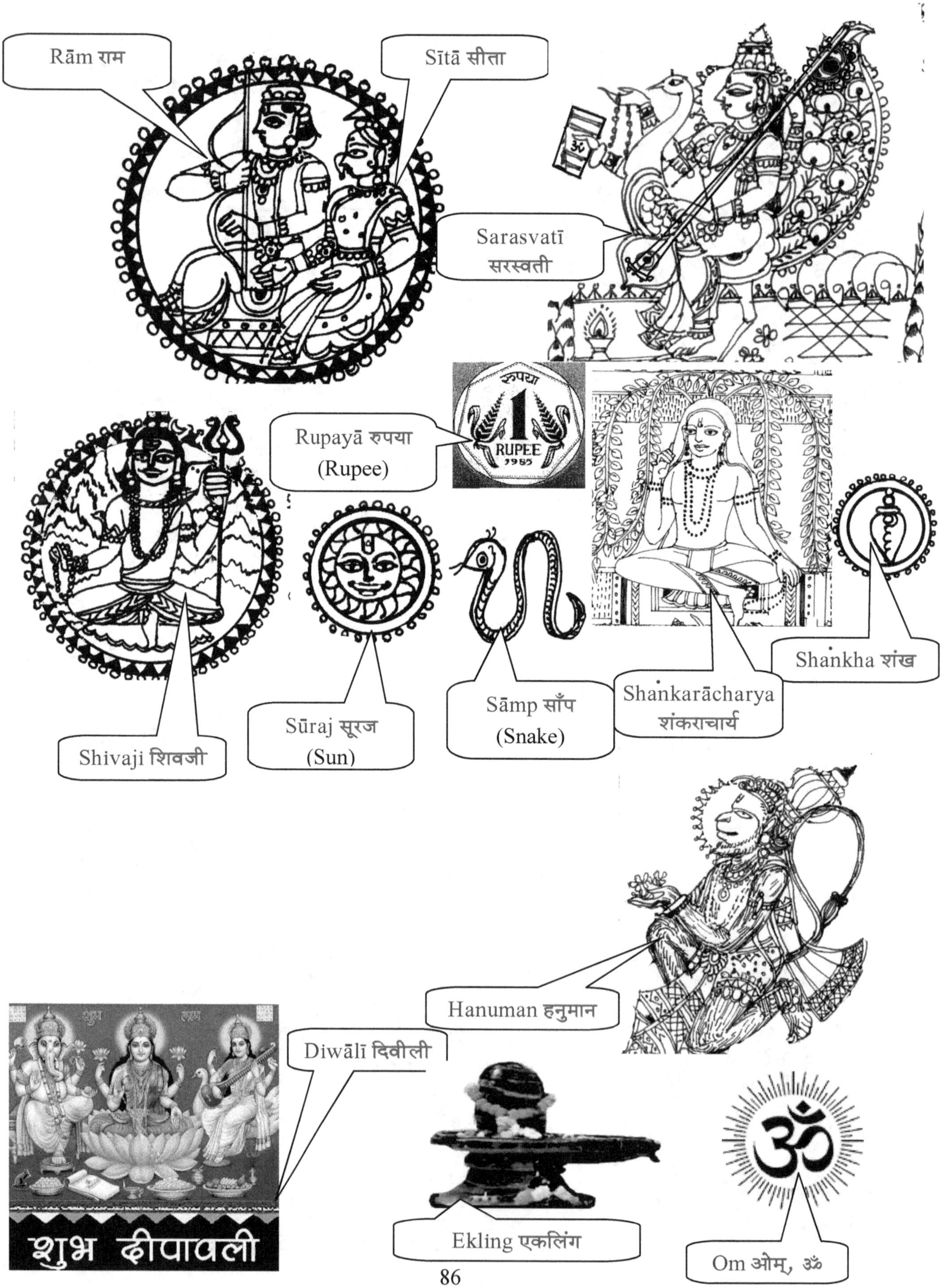
Rām राम
Sītā सीता
Sarasvatī सरस्वती
Rupayā रुपया (Rupee)
1 RUPEE
Shivaji शिवजी
Sūraj सूरज (Sun)
Sāmp साँप (Snake)
Shankarācharya शंकराचार्य
Shankha शंख
Hanuman हनुमान
Diwālī दिवीली
शुभ दीपावली
Ekling एकलिंग
Om ओम्, ॐ

Yagya यज्ञ

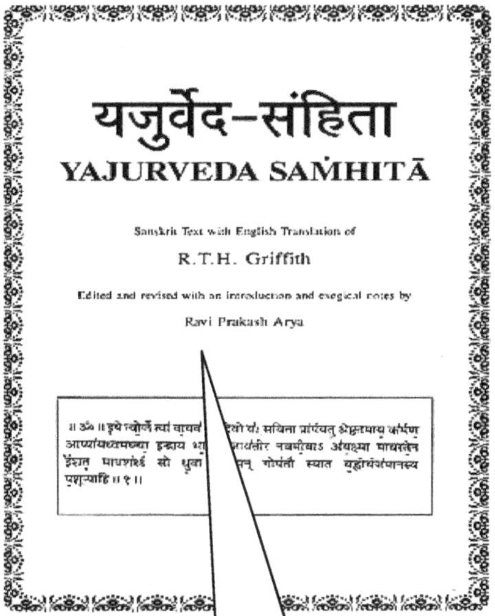

यजुर्वेद-संहिता

YAJURVEDA SAṀHITĀ

Sanskrit Text with English Translation of

R.T.H. Griffith

Edited and revised with an introduction and exegetical notes by

Ravi Prakash Arya

Yajurveda यजुर्वेद

Than थन

Yashodā यशोदा

Rath रथ **(chariot)**

Thiruvalluvar
तिरुवाल्लुवार

www.ingramcontent.com/pod-product-compliance
Lightning Source LLC
Chambersburg PA
CBHW081405070526
44583CB00020B/2688
* 9 7 8 1 9 8 9 4 1 6 0 2 0 *